30 min
课后半小时

中国中小学生
人文·社会·科学

通识教育课

打开文化艺术之门

文化·艺术

王淳莹　李阳◎编著

山东教育出版社
·济南·

图书在版编目（CIP）数据

打开文化艺术之门 / 王淳莹，李阳编著． -- 济南 ：
山东教育出版社，2024.11.（2025.2 重印）--（中国中小
学生通识教育课）． -- ISBN 978-7-5701-3335-2

Ⅰ．G0-49

中国国家版本馆 CIP 数据核字第 2024UZ9455 号

DAKAI WENHUA YISHU ZHI MEN

打开文化艺术之门

王淳莹　李阳 / 编著

主管单位：山东出版传媒股份有限公司

出版发行：山东教育出版社

地址：济南市市中区二环南路 2066 号 4 区 1 号　　邮编：250003

电话：（0531）82092660　　网址：www.sjs.com.cn

印　　刷：济南新先锋彩印有限公司

版　　次：2024 年 11 月第 1 版

印　　次：2025 年 2 月 第 2 次印刷

开　　本：787 毫米 × 1092 毫米　1/16

印　　张：6

字　　数：123 千字

定　　价：49.00 元

（如印装质量有问题，请与印刷厂联系调换）印厂电话：0531-88618298

序言

新课程改革给教育带来了极大的变化，其中最大的变化就是强调培养德智体美劳全面发展的人。过去，我们的学校教育偏重应试教育，导致素质教育不能得到真正落实。为了改变这一局面，新课标增加了通识教育的内容。

通识教育是教育的一种，它的目标是在现代多元化的社会中，为受教育者提供跨越不同群体的通用知识和价值观。随着人类对世界的认识日益深入，知识分类也变得越来越细。人们曾以为掌握了专业的知识，就能将这一专业的事情做好。后来才发现，光有专业知识并不一定能在相关领域有所创造。一个人的创造力必须是全面发展的结果。我国古代的思想家很早就认识到通识教育的重要性。古人认为，做学问应"博学之，审问之，慎思之，明辨之，笃行之"，并且认为如果博学多识，就有可能达到融会贯通、出神入化的境界。如今，开展通识教育已经成为全世界教育工作者的共识。通识教育让我们的学校真正成为育人的园地，培养德智体美劳全面发展的人。

家长们也许要问，什么样的知识才具有通识意义？这正是通识教育关注的焦点问题。当今世界风云变幻，知识也在不断更新，这就需要更多的专业人员站在人类文明持续发展的高度，从有益于开发心智的角度出发，在浩瀚的知识海洋中认真筛选，为学生们编写出合适的书籍。

目前，市面上适合中小学生阅读的通识教育类的书籍并不多见，而这套《中国中小学生通识教育课》则为学生们提供了一个很好的选择。该系列涵盖人文、社会、科学三大领域，内容广泛，涉及哲学、历史、文学、艺术、传统文化、文物考古、社会学、职业规划、生活常识、财商教育、地理知识、航空航天、动植物学、物理学、化学、科技以及生命科学等多个方面。编写者巧妙地将丰富的知识点提炼为充满吸引力的问题，又以通俗有趣的语言加以解答。我相信，这套丛书会受到中小学生们的喜爱，或许会成为他们书包中的常客，或是枕边的良伴。

贺绍俊
文学评论家

目录 CONTENTS

打开文化艺术之门

　　文化和艺术是我们一生的精神滋养，它们会让你懂得用美的眼光去观察世界，去感受生活。轻轻推开这扇通往文化艺术世界的大门，你将会感受到中华文化与民俗的深厚底蕴，欣赏到中外艺术的璀璨魅力，在古老与现代文明的交融中体悟生活的温度与色彩。

什么是艺术？

什么是艺术？

我就是艺术！

万物皆可艺术

听到"艺术"这个词时，也许你的脑海里会立刻跳出博物馆里的雕像、画作和收藏品。但是，艺术不只是那些在博物馆、展览馆或是收藏家的保险箱里的大作，在我们的日常生活中，艺术也是无处不在的，它可以是一首歌、一种味道、一个发型，甚至是一个人。

这大概就是原始的艺术啦！

艺术的起源

艺术早于文字和语言出现。你知道吗？在旧石器时代，原始人类通过在岩石上雕刻图案来记录他们狩猎、劳作时的生活场景。很多考古学家认为，这种岩画是人类最原始的艺术形式，而艺术应当起源于原始人类的生产活动和社会活动中。

一千个人眼中有一千个哈姆雷特

艺术存在了数万年，而争论和质疑一直伴随着它。由于每个人的经历、性格、思想和感受不尽相同，所以对艺术的理解自然也会产生分歧。不过，正所谓"一千个人眼中有一千个哈姆雷特"，每个人都有表达自己对艺术的喜好和看法的权利。

这是我见过最漂亮的画！

这简直太糟糕了……

狮子人象牙雕

年龄最大的艺术品

看看这个奇怪的象牙雕像：狮子的头、人的身体、略微佝(gōu)偻(lóu)的站姿……没错，这个"狮子人"就是迄(qì)今为止人类发现的最古老的动物形雕塑品，也是我们现在已知的最古老的艺术品之一。你知道吗？它竟然来自3万年以前！

《最后的审判》局部
［意大利］米开朗琪罗

💡 你知道吗？

《最后的审判》是意大利艺术家米开朗琪罗在文艺复兴时期所创作的一幅壁画。时至今日，这幅世界名画依然被人们从各种角度"审判"着，比如"这一点儿也不神圣""主角怎么可以摆出像阿波罗一样的姿势"等。

涂鸦是艺术吗?

涂鸦就是乱涂乱画，谁说它是艺术？

涂鸦是画在墙上的艺术！

涂鸦文化的兴起

最初的涂鸦与其说是一门街头艺术，不如说是一场"斗争"。在 20 世纪 60 年代的美国，很多帮派成员为了划地盘，到处涂写自己帮派的名称。这种行为吸引了很多年轻人效仿，他们开始游走于纽约的黑夜中，在墙壁、地铁车厢、广告牌、地面上"乱涂乱画"，发泄不满与反抗。而在他们密集的"轰炸"下，当时的纽约甚至都找不到一块干净的墙壁。号称当代"涂鸦"第一人的达里尔·麦克雷曾在费城的大街小巷写满"玉米面包"，当然，"玉米面包"就是这位艺术家的绰（chuò）号啦。

他的签名好酷啊！

CORNBREAD

涂鸦艺术的发展

随着涂鸦的发展，它渐渐远离了"帮派斗争"，成为一种能够表达思想的艺术形式。而充满反叛精神的涂鸦者们也更愿意称自己为"作家"，而非"画家"。随着很多专业的艺术家加入涂鸦的创作队伍中来，越来越多的人愿意承认涂鸦是一门艺术，而非一种违法的破坏行为。

墙是世界上最便宜、最实用的画布。

如今的涂鸦是什么样的？

在今天，从街头墙壁，到汽车、家具，甚至是衣服，涂鸦随处可见。借助发达的网络，今天的涂鸦艺术逐渐融合了世界各地的不同风格。而曾经难登大雅之堂的涂鸦作品也走进了画廊和艺术博物馆，供人们参观和欣赏。

涂鸦作品上新啦！快来感受新的涂鸦艺术。

艺术圈就是最大的笑话。

身份成谜的涂鸦艺术家

说到涂鸦，就不得不提涂鸦大师班克西。他永远戴着纸袋头套现身，因此当时没人知道他是谁。实际上，与其说是名字，"班克西"难道不更像一个代号吗？班克西对虚伪的艺术权威不屑一顾，经常用诙（huī）谐幽默的方式去揭露社会现实，但也引发了很多争议。

他创作的涂鸦作品《女孩与红气球》在2018年的拍卖会上，拍出了104.2万英镑（bàng）的高价。可就在拍卖师敲槌（chuí）之时，随着警报声骤然响起，这幅画竟然当场被切割成了数张纸条！然而，即便如此，这堆纸条也还是被成功卖掉了。事后，班克西解释自己其实早就偷偷在这幅作品的画框底部，装上了迷你碎纸机，以防它被拍卖。

💡 你知道吗？

唐代有一个大诗人，叫作卢仝（tóng）。有一天，他看到自己的儿子在用毛笔乱涂乱画，于是得了一句诗："忽来案上翻墨汁，涂抹诗书如老鸦。"汉语中"涂鸦"一词最早就出自这里。不过，"涂鸦"在古代常被用来形容一个人字写得很差，直到现代，它才延伸出了新的含义。

"残缺" 也是一种美?

残缺了，还有美感吗?

残缺本来就是一种美!

什么是"残缺美"?

艺术有许多种形式，残缺也是其中之一。有时正因为艺术品的不完整，我们才需要用想象力去补足它缺失的那部分，并因此感受到艺术的巨大魅力。围墙破败倒塌的罗马斗兽场、被誉为"中华第一古物"的残缺石鼓……难道它们不美吗? 谁又能说它们不是一种艺术呢?

📺 课堂小链接

很多古诗词中也会存在"残缺美"，不过这种"残缺"更多的是指不圆满、遗憾和惆 (chóu) 怅 (chàng) 的情绪。比如，马致远在《天净沙·秋思》中就运用"枯藤""老树""昏鸦""瘦马"等一连串具有"残缺美"的意象，来表现"断肠人"独立夕阳下的惆怅之情。

"残缺美"的"代言人"
——断臂的维纳斯

说到极具残缺美的艺术品，就不得不提《断臂的维纳斯》。这尊古希腊雕像几乎成为全世界人心目中最富有"残缺美"的佳作。虽然"女神"失去了双臂，但她依然是爱与美的象征，残缺反而使她更显高贵、肃穆。

是我大显身手的时候了。

拒绝 修复

不修复的倔强

既然艺术品"受损"了，那为什么不修复呢？据说，《断臂的维纳斯》被送入卢浮宫时，艺术品修复师的第一反应是为她修复缺失的手臂，没想到这个提议却遭到人们的强烈抗议。人们担心雕像修复后会破坏维纳斯在大家心目中的美感。可见，有时太过完美的东西，反而会敲碎欣赏者的梦。

不完美也是一种艺术

世界上几乎没有绝对完美的东西，玫瑰虽美却带刺，星星璀（cuǐ）璨（càn）却遥不可及，冰激凌美味却不能多吃……但正因为这种不完美，万物才显得更加可贵，人生才显得更加有趣，不是吗？

你的小雀斑好美呀，可以分我一点儿吗？

为什么艺术品那么贵？

它凭什么值 3000 万？

到底贵在哪儿？

一件看起来不起眼的东西，凭什么动不动就价值千万，甚至上亿？其实，艺术品诞生之初，是带着"贵族"气质的，直到带有"平民"气质的波普艺术横空出世，艺术品才渐渐与老百姓的生活产生了密切联系。艺术品之所以贵，除了自身艺术价值高，还因为它是很多富人乐于收藏和投资的"硬通货"，往往只有出价最高者，才能获得心仪的佳作。

世界上有完全一样的两件艺术品吗？

就像世界上只有一个你一样，每件艺术品都是独一无二的。哪怕是创作者本人也不可能创作出两件完全相同的作品。以绘画作品为例，天气情况、心情好坏、下笔力度、颜料混合状态等，都影响着作品的最终呈现。

别费力了，我的美你模仿不来。

《掷铁饼者》［古希腊］米隆

▲《戴珍珠耳环的少女》［荷兰］维米尔

艺术品的价值不仅仅是成品本身

一件艺术品诞生之前，艺术家不仅需要将自己的想法变为现实，还要为了寻找灵感而不断地思考，在自我质疑中反复挣扎。有的艺术品需要消耗艺术家几个月、几年甚至一生的时间。购买艺术品时，我们不仅要为它本身付费，也要为艺术家创作它的每一个瞬间付费。

同样是画家，为什么凡·高的画这么值钱？

凡·高去世后，他留下的许多画作都被高价拍卖，有些作品的拍卖价格折合人民币竟然达到上亿元。那么，为什么凡·高的画作能以天价成交呢？独特的风格、卓越的艺术造诣、超前的创作意识、充满争议的行为举止、短暂而悲惨的人生……这些"标签"让凡·高成为如今被大众所熟知的艺术家。许多人喜爱凡·高，所以愿意为他留下的艺术遗产买单。

《自画像》［荷兰］凡·高

📖 知识加油站

世界上有许多不能用金钱去衡量其价值的艺术品，比如帕特农神庙、金字塔、后母戊（wù）鼎、曾侯乙编钟、自由女神像等。

《向日葵》［荷兰］凡·高

为什么很多人看不懂艺术？

我不想当只会"看热闹"的外行人……

《英雄交响曲》

是艺术太高深，还是我们太肤浅？

为什么很多艺术品会让人看得一头雾水，尤其是那些看起来非常抽象的作品。

艺术其实也是一种语言，就像文字一样，许多艺术品在诉说着作者的心声。不过，要想读懂艺术，你得走近它，擦掉它表面的灰尘，到它诞生的时代里去真切地感受它、理解它。如果你只停留在原地一个人瞎琢磨，那你就很可能成为只会"看热闹"的外行人！

我内心富足得很……

他也能听懂名曲？

拾荒

对艺术的理解有标准答案吗？

其实，很多人并不是看不懂艺术，而是总在怀疑自己的理解是否正确。他们把欣赏艺术这个过程视作"阅读理解"，认为艺术家在每件作品背后都留有"标准答案"，而他们只有在最接近"标准答案"时，才能算"懂"艺术。其实，对艺术的理解是没有绝对的标准答案的，只要你能从中有所感、有所想、有所触，它就是你的"答案"。

不要掉入"伪艺术"的坑！

要是一个人想从专业角度读懂艺术家们在表达什么，那他肯定得有足够的审美能力和深厚的文化修养。不过，也有"艺术家"会为了制造噱（xué）头而创造"伪艺术"，故意打着艺术的旗号去博人眼球。记住，"伪艺术"不是艺术，我们不必浪费心思去关注它！

我看你是苹果派！

我是抽象派代表！

怎样"读"懂艺术？

了解西方现代美术的各大艺术流派，可以帮助我们提高对艺术品的鉴赏能力。现在，让我们先来说一说其中的五个流派吧！

至上主义：一个常用三角形、正方形、圆形等平面几何图形以及黑白颜料作画的流派。看，这就是极致的纯粹！

代表作：《黑色正方形》

作者：［俄国］马列维奇

波普艺术：一个有趣、新奇、活泼又极具感染力的流派。

代表作：《溺水女孩》

作者：［美国］利希滕斯坦

超现实主义：一个散发着神秘、怪诞、魔幻气质的流派。看，超现实主义画家描绘的场景像不像一个无逻辑、无秩序的梦境！

代表作：《记忆的永恒》

作者：［西班牙］达利

野兽主义：一个用色鲜艳且浓重的流派，豪放直率的笔法和强烈的情感表达是这个流派的特色。

代表作：《开着的窗户》

作者：［法国］马蒂斯

后印象派：一个喜欢用形状和色彩来表达个人感情的流派。

代表作：《夜间的露天咖啡座》

作者：［荷兰］凡·高

为什么凡·高看上去如此疯狂？

凡·高真是个天才！

我觉得他有些疯癫！

患有精神疾病的艺术家

在我们眼中，凡·高是位百年一见的大画家，他的一幅画能卖出天价。可你知道吗？凡·高在世时不仅穷困潦倒，还饱受世人的轻蔑和质疑，他的邻居们甚至称他为"穷酸的神经质画家"。最终，他住进了精神病院。

为什么去世后才被人们熟知？

凡·高离世后，他的许多作品才得以展出，这让他在艺术圈里小有名气。之后，随着纪念展览办得越来越多，他的作品也逐渐被大众注意到。直到他写给弟弟提奥的信件被整理出版成书，美国作家欧文·斯通为他写了一本名为《渴望生活》的传记，凡·高才彻底摘掉了"失败者"和"疯子"的帽子，以艺术家的身份被人们熟知。值得一提的是，《渴望生活》后来还被拍成了电影，如果你想深入了解凡·高的生平，不妨去看看。

疯子
失败者
神经质画家

艺术家

和高更的"致命友情"

说到凡·高，就不得不提高更。他们两人在绘画风格，尤其是色彩运用上，互相产生了很深的影响。但由于不同的性格和创作理念，他们的友情注定会像一场暴雨，十分短暂且充满破坏力。在一次激烈的争吵过后，精神疾病复发的凡·高割掉了自己的左耳，高更则逃也似的搬离了两人共同居住的"黄房子"。

燃烧的自画像

在饱受精神疾病折磨的同时，凡·高为自己画了数十幅自画像，画上的他时而苦痛、扭曲，时而悲悯（mǐn）、忧伤。也许，这位可怜的画家在审视自己的同时，也在不断地诘（jié）问自己："我，究竟是出了什么

《画向日葵的画家》
［法国］高更

《高更的椅子》
［荷兰］凡·高

毛病？"在给弟弟提奥的信里，凡·高曾提到希望有人能看到他心中的那团火，然后走过来，陪他一起。不过，可惜的是，直到最后他都只能孤独地燃烧。

💡 你知道吗?

凡·高是后印象派的代表画家之一，而后印象派强调作品要表达出画家自身的感情和思想。创作时，这一流派不追求写实，而是全凭自己的主观感情来描绘，所以他们的画作一般都会显现出强烈的个性和感情。凡·高的《星空》就是一幅典型的后印象派作品，整个画面都充溢着画家浓烈的情感。

《星空》［荷兰］凡·高

你能看懂毕加索的画吗？

你能看懂毕加索的画吗？

我是凡人，看不懂大师的画……

"大师"故意不让"凡人"看懂？

被世人称赞为"现代艺术之父"的画家毕加索，为什么他的画作很多人都看不懂呢？面对人们的疑惑，毕加索说："当一个画家看到他所要画的对象的正面时，难道这个对象就没有侧面和背面吗？我们能不能同时把它们都画出来呢？"所以，如果你从正常的视角看不懂他的作品，不妨多换几个角度去看看，说不定就明白了！

《哭泣的女人》
［西班牙］毕加索

擅长写实的"小天才"

毕加索童年和少年时期的画看起来还是很"正常"的，这些作品主要以写实风格为主，众人很容易就能看懂，在当时很受欢迎。年少的毕加索也因此被人们称为"小天才"。

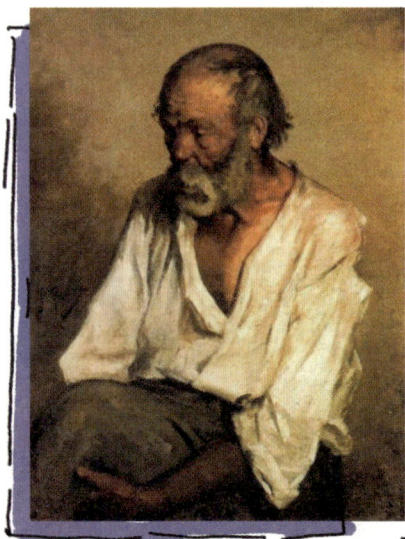

这是毕加索13岁时画的，太厉害了！

《老渔夫》［西班牙］毕加索

毕加索真的越画越"差"吗？

看了毕加索在不同时期的创作后，不少人都会对其画风的变化打出一个问号，特别是他的自画像系列。这样的变化是不是挺令人费解的？毕加索给出的答案是：他一辈子都在学习如何像一个孩子那样简单地画画。这么看来，大人和孩子眼里的世界确实不一样呢！

呵，这还真是越来越离谱！

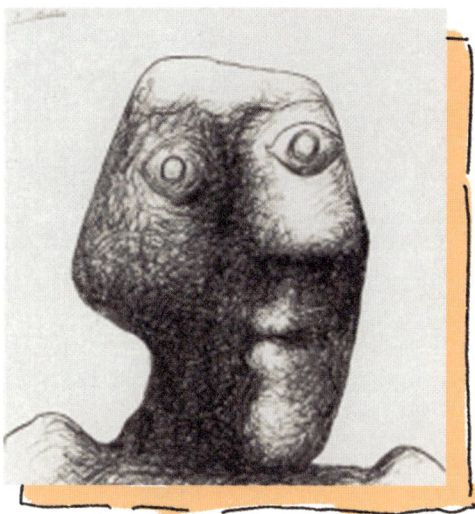

毕加索 18 岁时的自画像

毕加索 90 岁时的自画像

毕加索的画究竟好在哪儿？

在毕加索的创作生涯中，他的画风曾发生过巨大转变。不过，现在说起这位大师的作品，人们最深刻的印象还是"变形"和"夸张"。在毕加索最为知名的那些作品中，人物和物体的形象都不再真实，似乎变成了一种抽象的符号，而这种比例失调、透视混乱的构图，反而使画面更富生命力。

画面中激烈的色彩表达，无不表达着毕加索内心深处的情绪。

这种独特的视觉语言和对艺术的挑战与革新，不断刷新着人们对艺术的认知。

《格尔尼卡》［西班牙］毕加索

为什么达·芬奇被称为"天才"?

达·芬奇一定是个外星人!

他应该是穿越者!

外星人，还是穿越者?

普通人即使花上一辈子的时间，只在一个领域中辛勤耕耘，也很难获得令世界瞩目的成就。然而，达·芬奇却做到了全面发展!你肯定听说过他创作的世界名画《蒙娜丽莎》，但你知道他还设计过飞行器、机器人、降落伞、潜水装置、自动烤肉机吗?你知道他对植物学、动物学、物理学、天文学等诸多学科的研究和认知远远超越了他所处的时代吗?难怪有人怀疑他是外星人或穿越者!

还有什么是老夫不会的?

先有鸡还是先有蛋?

哲学家

画家

天文学家

数学家

1+2+3+4+......

生物学家

作家

发明家

雕塑家

音乐家

植物学家

达·芬奇自画像

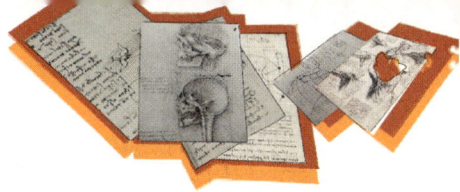

意义非凡的手稿

　　达·芬奇会将自己脑袋里冒出的想法用笔和纸记录下来，所以他生前留下了大量的手稿，这些手稿也被后人笼统地称为"达·芬奇笔记"。你可不要小瞧这堆已经泛黄的纸！达·芬奇在其中留下了他的发现、想象、设计图纸、素描……这份数万页的手稿简直就像一本百科全书！

几百年了，我的人气还这么高……

《蒙娜丽莎》［意大利］达·芬奇

蒙娜丽莎的微笑

　　说到达·芬奇，怎么能不提《蒙娜丽莎》呢？在这幅油画中，一个身材丰腴（yú）的女人优雅地坐在山水幽深的背景前，对世人露出了神秘的微笑。据说，在不同角度和光线下看这幅画时，人们会有不同的感受。有时，你会觉得她温婉娴静；有时，你会觉得她严肃异常；有时，你会觉得她怒气冲冲；有时，你又会觉得她在毫不客气地嘲笑你……总之，蒙娜丽莎的微笑到底具有怎样的内涵，每个人都有自己的看法。

💡 你知道吗？

　　世界上身材比例最完美的男人，出自"达·芬奇笔记"中的一幅名为《维特鲁威人》的手稿。画中光着身子的男人做出了两种不同的姿势：以"十"字形站在正方形中，以"火"字形站在圆形中。据说，这个男人就是达·芬奇眼中拥有完美比例的人体。

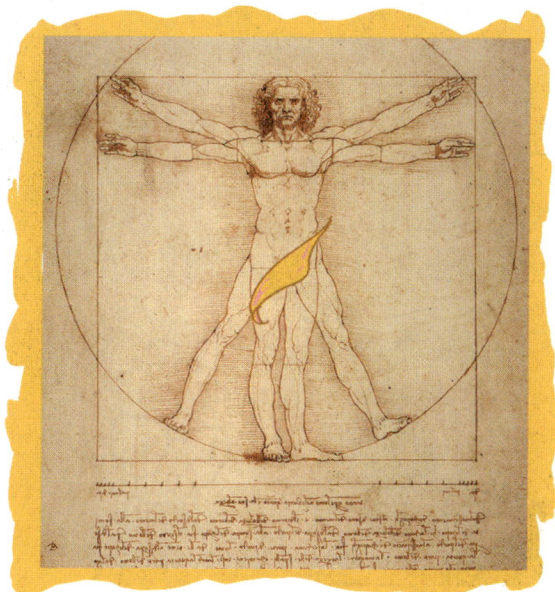

《维特鲁威人》［意大利］达·芬奇手稿

为什么失去听力的贝多芬还能创作出世界名曲？

一个失聪的人怎么可能创作出这么美的音乐！

在无声的世界继续创作

鸟儿没有翅膀，飞不出巢穴；鱼儿没有尾巴，无法游向大海。为什么贝多芬失去听力后还能创作出震撼人心的交响曲——《D 大调庄严弥撒》呢？如果你觉得听不见声音就没法写曲子，那真是小看了贝多芬！他失聪前积累的大量创作经验，再加上对音乐语言的了解，让他通过想象也能谱写出举世瞩目的大作。

谁也夺不走驻扎在我脑海里的音符……

哇，真是个音乐神童啊！

被谎报年龄的"音乐神童"

贝多芬的父亲是一个资质平庸、整日酗（xù）酒的宫廷歌手。为了让 4 岁的贝多芬成为音乐神童，他的父亲像着了魔似的逼迫他学习音乐，有时甚至会从深夜一直持续到清晨。最可怕的是，只要他的父亲稍有不顺心，就会对他拳打脚踢。在贝多芬首次公开演出时，为了让他更像"音乐神童"，父亲还干出了一件荒唐事——把儿子的年龄从 8 岁改成了 6 岁。

贝多芬的恩师

　　直到 11 岁的时候，贝多芬才终于摆脱了父亲的控制。那时，他开始跟随一位名叫尼弗的宫廷乐师学习作曲。幸运的是，尼弗是一位待人亲切又有耐心的老师，他不仅将音乐知识毫无保留地教（jiāo）授给贝多芬，还让贝多芬感受到了音乐的美妙和深奥。也许，正是这个时候，贝多芬才真正地爱上了音乐。

啊，音乐好美妙！

伟大的不仅是音乐！

　　贝多芬二十几岁就开始被耳疾折磨，随着年龄渐长，听力也变得越来越差，直到最后几乎听不见任何声音。但即使这样，贝多芬也从没放弃过对音乐的热爱。你听过《欢乐颂》吗？这首享誉世界的名曲就出自他在晚年失聪后创作的《第九交响曲》！

📖 知识加油站

你知道贝多芬为世人留下的那些名曲吗？

《英雄交响曲》

《命运交响曲》

《田园交响曲》

《A 大调第七交响曲》

《第九交响曲》

《〈爱格蒙特〉序曲》

《月光奏鸣曲》

《春天奏鸣曲》

《D 大调庄严弥撒》

为什么莫扎特被称为"音乐神童"？

我5岁就会唱歌了！

你唱的不会是我5岁时的作品吧……

小时候的莫扎特有多优秀？

当其他3岁小孩还在玩泥巴的时候，同龄的莫扎特已经坐在钢琴前学习音乐了。5岁时，他开始作曲；6岁时，他完成了自己的首次公开演出；7岁时，他跟着父亲一边周游欧洲，一边为皇室贵族表演节目……

看过莫扎特的童年"履历"，谁敢说他不是神童呢？

喷！我虽然到凡尔赛宫表演了，但我"凡尔赛"了吗？

难道没人觉得这些斑点像天上的星星吗？

第一次失败是"天花味儿"的

身负"音乐神童"之名，莫扎特的成长道路就一定畅通无阻吗？当12岁的莫扎特第二次踏上维也纳的土地，这个因患天花而在脸上留下斑斑点点的少年，已经不再是几年前那个漂亮可爱的神童，也不再让大众有新鲜感了。而他花费大量心血写成的第一部歌剧《装疯卖傻》，也未能获得在维也纳首演的机会。

高产的创作"狂人"

如果评选作曲界的"劳模"，那莫扎特肯定榜上有名。这是因为在他短短 35 年的生命里，竟然创作了 600 余部不同体裁和形式的音乐作品。当然，莫扎特可不只在"量"上取胜，他同样也在"质"上保持了非常高的水准。怪不得有人说他是音乐家中的"战斗机"呢！

凄凉的"晚年"生活

后来，莫扎特毅然辞去工作，成为一位自由的音乐家。然而，不幸的是，由于莫扎特和妻子都没有固定收入，又不擅长理财，二人的生活开始变得越来越窘（jiǒng）迫，莫扎特的身体也变得越来越糟糕。最终，这位伟大的音乐家在 35 岁便撒手人寰（huán），留下了尚未完成的《安魂曲》和一大笔债务。

📖 知识加油站

莫扎特创作的美妙音乐，在数百年后仍然可以温暖我们的心灵。现在，打开播放器，让我们来听一听他的代表作吧！

《魔笛》

《土耳其进行曲》

《费加罗的婚礼》

《唐·璜（huáng）》

《安魂曲》

什么是交响乐?

你不觉得你的低音长笛像晒衣架吗?

万物皆可"交响乐"

你听到过这样的形容吗?"时代的交响乐""人生的交响乐""大自然的交响乐"……"时代""人生""大自然"我们都能理解,但这"交响乐"是什么意思呢?

"交响乐"一词最早出现于古希腊语,不过当时它的意思是"声音一起响"。我们现在所说的"交响乐"指的是由管弦乐队演奏的、通常由四个乐章组成的大型乐曲。

为什么"交响乐之父"是他?

你可能会好奇,当提到交响乐时,大多数人想到的是贝多芬和莫扎特,那为什么"交响乐之父"却是海顿呢?其实早在海顿之前,交响乐就已经有了雏(chú)形,但那时没有人对这种演出形式做出明确的规范。俗话说"没有规矩,不成方圆",直到18世纪中叶,海顿确立了交响乐的基本结构,交响乐的创作才变得有章可循(xún)。

站在"C位"的指挥家到底有什么用?

　　可能有人会问,交响乐团演出时,那个背对着观众、激情四射地挥舞着指挥棒的人,凭什么能站在最前面?因为他是整个交响乐队的灵魂。他负责掌控整部曲目的强弱、快慢、情感表达,指挥不同的声部在何时演奏等。一场大型的交响乐演出阵容可达到100多人。要是没有指挥家的协调和引导,整个乐团就会变成一盘散沙。

一首交响乐多长时间?

　　交响乐的演奏时间有长有短,一般和曲目有关。世界上最长的交响乐是奥地利音乐家马勒创作的《D小调第三交响曲》,全部演奏完要近100分钟;世界上最短的交响乐是苏联音乐家普罗科菲耶夫的《古典交响曲》,不到15分钟就能结束演出。

📖 知识加油站

　　既然交响乐队的阵容那么大,演出现场会不会有乐手偷懒呢?一般来说,交响乐队分为四个乐器组:弦乐器组、木管乐器组、铜管乐器组和打击乐器组,有时也会用到钢琴、木琴或一些民族乐器等。虽然乐手众多,但他们都要各司其职,况且台下还有那么多的观众,谁要是出了错或偷了懒,估计马上就会被发现。

为什么很多男性艺术家喜欢留长发？

艺术家留长发是因为臭美！

是因为他们没时间理发吧……

没时间剪头发？

说到对男性艺术家的刻板印象，"留长发"肯定算 个。那或许有人会问了，他们喜欢留长发，是因为没钱去理发吗？当然，这也不是完全没可能的。不过，应该还有很多其他原因，比如懒得打理。要知道当他们沉浸到创作中时，常常会进入忘我的状态，此时哪还有心思去顾及自己的头发呢？

"一丝丝"的叛逆和浪漫

很多国家都有男性留长发的历史。不过，在现代社会里，男性普遍以短发为主。这样一来，男性留长发似乎成了"自由""不受拘束""浪漫""复古"的代名词，象征着一种生活态度，这与艺术家的某些特质不谋而合。

"门帘"可以隔绝世界?

你注意到了吗?有些男性艺术家不仅留长发,还故意让头发遮住自己的脸。也许这样的发型可以让他们"与世隔绝",免受外界打扰,从而能更专心致志地创作吧。

💡 你知道吗?

对于想象力丰富的艺术家来说,头发也可以用在艺术创作中哦。青年艺术家郑菁就曾用自己的九万多根头发,创作了一幅名为《-97311》的作品,还凭此获了奖。

艺术

长发是我跨进艺术之门的标签……

什么是抽象艺术？

隐藏在凌乱线条里的是……

在很多人的眼中，大名鼎鼎的"抽象艺术"就等于是"让人看不懂的艺术"。其实，这个想法似乎也没错，因为抽象主义艺术家所追求的，就是不用具体形象来反映现实。简单地说，他们不会把自己看到的东西原模原样地画出来，而是先在脑袋里将它的具体形象转换成色彩、线条、形状等再去创作。这么看来，我们有时候看不懂抽象艺术，也是挺正常的。

我真的不是幽灵啊！

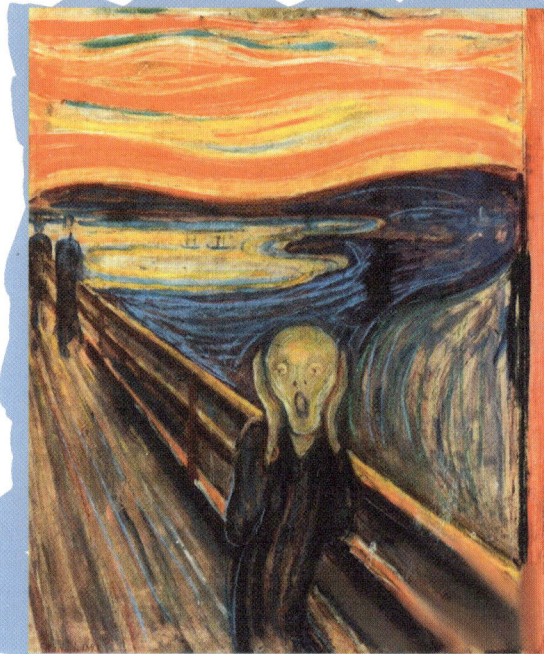

《呐喊》［挪威］蒙克

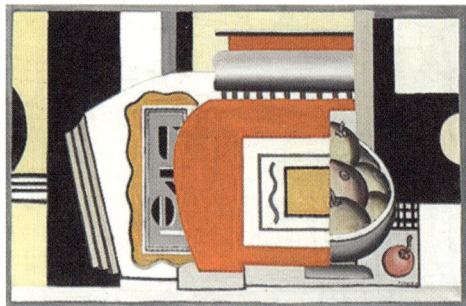

《苹果》［法国］雷捷

你俩别争了，我是闻名世界的苹果，我说啥了？

抽象艺术的诞生多亏了摄影技术？

为什么这些抽象派艺术家要画出这样"奇怪"的画呢？在很久以前的西方，艺术家们也曾追求谁的画更接近真实，后来这种理念在时代洪流中不断被挑战。摄影出现后，这种写实理念被无情碾（niǎn）压了。画得再像，能有照片像吗？于是，一些艺术家的创作意图就从描述外在事物，慢慢变成了表达自己的主观感受。

你说谁假呢？！

我才是真苹果！

《无题》[俄国]康定斯基

第一幅抽象画的诞生

你知道吗？世界上第一幅抽象画的诞生竟然源于一次"意外"！

一天，俄国艺术家康定斯基无意间发现画室里的一幅画放颠倒了，而这幅放反的画比摆正时更加震撼心灵。他猛然意识到越抽象、越不具体的画面，给人的感受反而越清晰、越直观、越强烈。于是，具有非凡意义的作品《无题》诞生了。

具有原始主义风格的"番茄酱"

2007年，一些署名弗（fú）雷迪·林斯基的画作出现在了萨奇画廊的网站上。接着，艺术评论家们毫不吝（lìn）啬（sè）地夸奖了这些画作，并称这些画中的"斑点和污点"极具原始主义风格。但实际上，弗雷迪只是一个两岁的孩子，这些"大作"都是他用番茄酱胡乱涂出来的，而将它们放到网上拍卖只是他母亲开的一个玩笑。

📖 知识加油站

带你了解更多的抽象艺术：

至上主义：虽然俄国艺术家马列维奇宣称自己从1913年就开始画至上主义的画了，但实际上直到1915年"至上主义"这个词才被普遍使用。

达达主义：第一次世界大战期间，一些被战争的残酷所震撼的艺术家在苏黎世发起了达达主义运动。据说，"达达"一词还是这群艺术家随机从字典里选出来的。

这真是一幅前无古人后无来者的佳作……
是我用番茄酱涂抹的！

《至上主义》[俄国]马列维奇　《泉》[法国]杜尚

文艺复兴是怎么回事?

"翻新"的文化

我们常常听说一些艺术家深受文艺复兴的影响，那文艺复兴究竟是什么呢？

在 14 世纪，欧洲艺术家们发起了一场声势浩大的文化艺术运动，他们把已经"过气"的古希腊文化和罗马文化重新带回大众的视线中来，这便是文艺复兴。到了 18 世纪，人们又将文艺复兴的含义从一场运动拓展为一个历史时期，即欧洲文化和思想发展的一个时期（14 世纪至 16 世纪）。

新兴的人文主义

在中世纪，很多欧洲人都不愿意相信科学，因为他们的思想被一种看不见的"枷（jiā）锁"禁锢（gù）着，他们的生活被一双看不见的"手"掌控着。然而，随着文艺复兴的影响逐渐扩大，越来越多的人开始追求自由与平等，鼓起勇气为自己的幸福而努力奋斗，并对科学技术产生了极大的兴趣。于是，人文主义思想出现了。

人文主义

信

阿尔伯蒂　乔托　拉斐尔

米开朗琪罗

达·芬奇

涌现出的"宝藏"艺术家

　　文艺复兴时期，乔托成为第一个探索用新方法作画的画家；阿尔伯蒂（dì）在《绘画论》中简述了透视法的原理；拉斐（fěi）尔博采众长，创造了独树一帜的柔美风格；米开朗琪罗拿起画笔把西斯廷教堂的天花板变成艺术品；达·芬奇也开启了他极富传奇色彩的一生……当然了，不只艺术，文艺复兴还带动了哲学、科学等其他领域的发展！

从"模仿"到"原创"

　　在文艺复兴的初期，大多数艺术家的创作还停留在模仿前人的作品上。不过，很快就有一些人不再满足于此，他们开始不断地思考、总结、创新，并试图走出一条属于自己的艺术道路。于是，虽然"锅"里的"食材"相同，但由于不同的艺术家会往里面加入不同的"调料"，所以这时期的艺术风格也变得多种多样！

［英国］弗朗西斯·培根画像

💡 你知道吗？

　　那句大名鼎鼎的"知识就是力量"，就是在文艺复兴时期，由英国著名的政治家、哲学家兼文学家——弗朗西斯·培根提出来的。他倡导科学实验是一切知识的基础，主张打破各种偏见和幻想。也许，正因为有无数像他这样的人的努力，知识的海洋才冲刷掉了欧洲中世纪的愚昧与无知。

《清明上河图》里藏着什么秘密？

《清明上河图》里能有什么秘密？

你还是太年轻了……

繁荣景象下的重重危机

天啊，竟然有人说《清明上河图》里隐藏着巨大的危机？快来看看它里面都画了些什么吧！无兵把守的城门、随意进出的西域商队、呼呼大睡的士兵、发生冲突的文武官员、流浪街头的乞讨者……在5米多长的画卷里，张择端描绘了北宋都城内外汴（biàn）河两岸的城市风貌，这一切虽看似繁荣富庶（shù），却也显露出当时社会的种种弊端。

当然，北宋最终也没能摆脱灭亡的命运。公元1127年，金兵攻破北宋都城，居安而不思危的北宋皇室沦（lún）为阶下囚。

作者身世成谜

史书上关于张择端的记载非常少，所以千百年来他的生平一直都是个谜团。据说，他是东武（今山东诸城）人，曾居住在东京（今河南开封）。

绝世佳作，难见真身

想亲眼看看《清明上河图》的真迹可不是一件容易的事情。出于对珍贵文物的保护，这幅画每展出一次就要"休眠"三到五年，并且大多数时候人们只能欣赏到它的局部。《清明上河图》规模宏大、气势雄伟、繁而不杂，直接可见的人物超过 800 个，对建筑的描绘更是细腻得令人叹服。绘画大师张择端以高超的绘画技巧，严谨又不失风趣地告诉我们：几百年前的北宋都城就是这个样子的。

你知道吗？

不见真容的"神品"

除了《清明上河图》，张择端其实还绘有一幅尚未"露面"的佳作——《西湖争标图》。金人张著曾在跋文中形容"《西湖争标图》《清明上河图》选入神品"。我们由此可以得知《西湖争标图》与《清明上河图》同为"神品"，难分伯仲（zhòng）。然而，令人遗憾的是，我们至今也没能找到《西湖争标图》的真迹或摹本。要是我们哪天真的找到了这幅画，那它就是另一件超级国宝了。

《清明上河图》局部〔北宋〕张择端

《千里江山图》竟然是 18 岁少年的遗作？

他只为《千里江山图》而来？

谁能想到，全长约 12 米的恢宏之作——《千里江山图》竟出自一位名叫王希孟的 18 岁少年之手？谁又能想到，这件堪称奇迹的作品仅仅用了半年时间便创作完成？

史料显示，王希孟深得宋徽宗赏识，他在创作这件作品时，曾得到过宋徽宗的亲自指导，可见他的才华绝非一般。只可惜天妒英才，这位少年在画完《千里江山图》后不久便猝（cù）然离世了。王希孟谜一样的人生令人唏（xī）嘘，很多人都说他就是为了完成这幅画作而生的。

你 18 岁的时候在干什么？

人家正值叛逆的青春期啦，你懂的……

又是熟悉的"故宫跑"

"起大早，排长队，大门一开冲前位。"这是中国十大传世名画之一的《清明上河图》于 2015 年在故宫展出时，引发的一种现象。

谁承想，两年后为了一睹《千里江山图》真容，"故宫跑"再次重现。

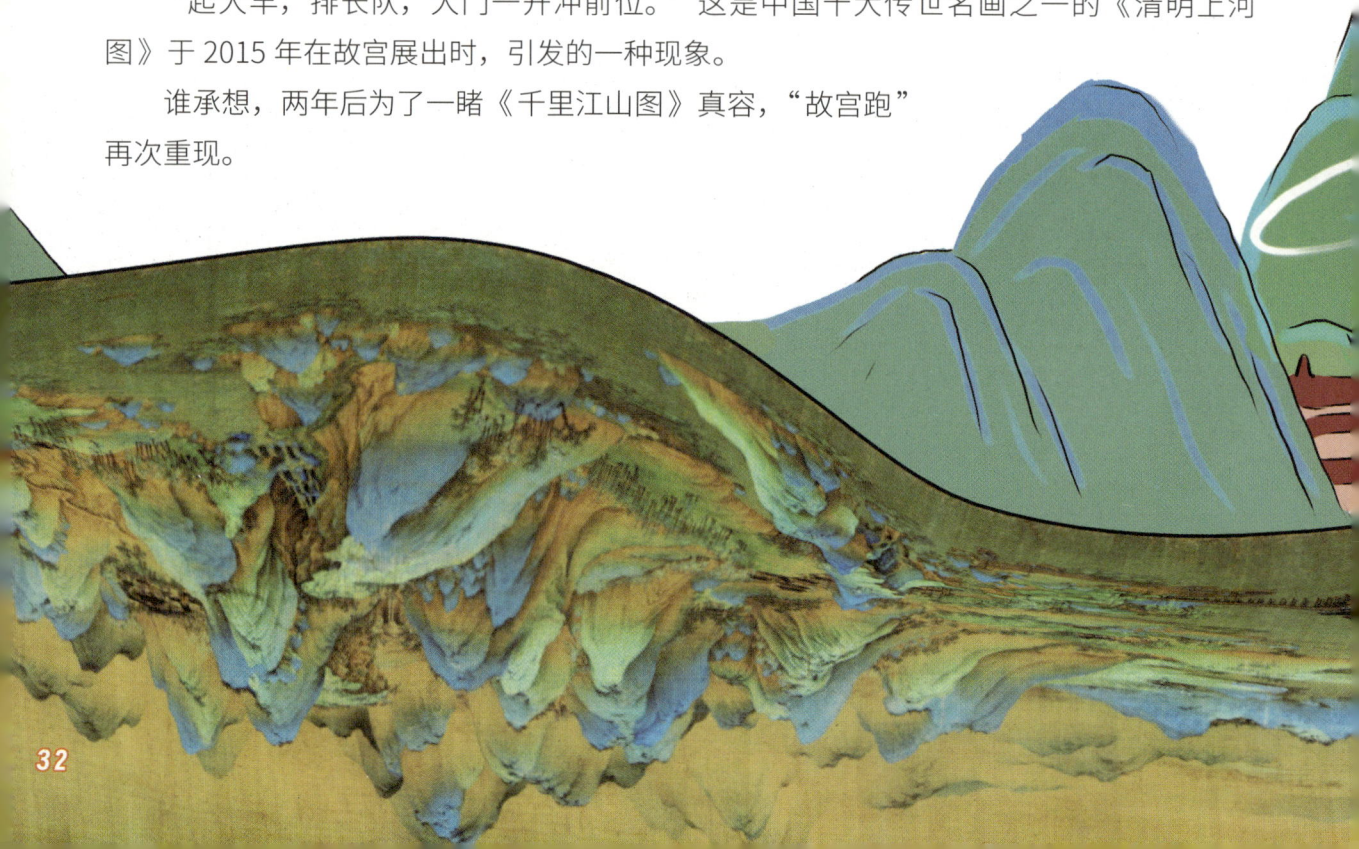

《千里江山图》之美

这样一幅山水画凭什么能在处于中国山水画黄金时代的宋朝脱颖而出呢？《千里江山图》全本气势恢宏、刻画入微，大到连绵不绝的山峦和江水，小到纹路清晰的鹅卵石，都生动可见。王希孟用最贵气的色彩、最细腻的笔触把青绿山水的技法发挥到极致。

值得一提的是，这幅画作使用了石绿和石青等昂贵的矿物颜料，所以即使已经过去了几百年，这幅画依然艳丽如初！

知识加油站

来看看惊艳世界的"中国十大传世名画"吧！

《洛神赋图》〔东晋〕顾恺之
《步辇（niǎn）图》〔唐〕阎立本
《唐宫仕女图》〔唐〕周昉（fǎng）、张萱
《五牛图》〔唐〕韩滉（huàng）
《韩熙载夜宴图》〔五代〕顾闳（hóng）中
《千里江山图》〔北宋〕王希孟
《清明上河图》〔北宋〕张择端
《富春山居图》〔元〕黄公望
《汉宫春晓图》〔明〕仇（qiú）英
《百骏图》〔清〕郎世宁

为什么敦煌壁画被称为"墙上的博物馆"？

墙上还能有博物馆？

包罗万象的"百科全书"

说到中国古代艺术，就不得不提历经一千六百多年历史并保存至今的敦煌壁画了。敦煌石窟遗存历代壁画的总面积超过 4.5 万平方米，差不多有 7 个足球场那么大。这些珍贵的壁画不仅描绘了形态各异的佛像，还记录了古人生活的方方面面，比如服饰、建筑、交通、乐器等。这么看来，把敦煌壁画称为"百科全书""墙上的博物馆"，可一点儿也不为过呀！

关于莫高窟的传说

莫高窟，俗称"千佛洞"，位于甘肃省敦煌市的鸣沙山东麓（lù）、宕（dàng）泉河西岸的断崖上。你知道吗？莫高窟就是敦煌壁画的发现地。相传，大约在公元 366 年，有位叫乐僔（zǔn）的和尚云游到鸣沙山附近时，突然看到山上有金光闪耀，于是便认定这里是圣地，并在崖壁上开凿了第一个石窟。因此，早期的敦煌壁画大多都与佛教有关。此后，历经数个朝代的更迭（dié），敦煌壁画的风格变得更加多元，内容也变得更加丰富多彩。

丝绸之路对敦煌壁画的影响

你知道吗？敦煌在古代类似我们今天的国际大都市。唐朝时期，丝绸之路这条横贯中西的商贸通道已非常繁荣。作为丝绸之路上的"第一枢纽"，敦煌自然要接待数不清的商旅，不同的文化在这里发生了交流与碰撞。于是，受到启迪的画师将外来元素融入壁画的创作中，敦煌壁画由此成为具有艺术和历史双重价值的宝库。

"年老多病"的世界文化遗产

就像人一样，敦煌壁画也会"生老病死"。我们不得不承认，现在的敦煌壁画已经老态龙钟、百病缠身了，甚至一点儿震动就可能使它的颜料层剥落。遗憾的是，目前还没有技术能阻止壁画风化。

壁画修复是一项与时间赛跑的工作，争分夺秒却还是赶不上它损坏的速度。有专家预测，敦煌壁画将在未来 50 年到 100 年内湮（yān）没于漫天黄沙之中。

📖 知识加油站

你可以在敦煌壁画中看到：

佛像画	佛经故事画	经变画
供养人画像	佛教史迹画	装饰图案画

为什么瓷器能代表中国？

为什么瓷器的英文名叫 china？

瓷器是怎么出现的？

我们常说的"陶瓷"，其实指的是两种东西：陶和瓷。不过，不管是陶还是瓷，都是咱们中国人发明的。早在商周时期，我们的祖先就烧制出了原始的瓷器，而到了东汉中晚期，现代意义上的瓷器也应运而生了。

外国人痴迷瓷器

谁能想到，中国古人用惯了的瓷器在销往海外后，竟会被外国人视若珍宝？自唐代起，瓷器开始被远销至世界各国。外国人见到这些精美的器具后，喜欢得不得了，甚至认为用它们喝水吃饭可以强身健体。在过去的欧洲，王公贵族还曾将拥有一件中国瓷器，视作自己贵族身份的象征。

独占鳌头的中国瓷器被仿造

在西方，瓷器曾被称为"白色的黄金"，当时数不清的人甘愿为它一掷（zhì）千金。而当一些人发现这种器具好看又挣钱，需求量还这么大时，就动了伪造的心思。于是，经过百余年的研究和仿制，在工业革命的助推下，欧洲人成功生产出了更符合他们审美趣味的瓷器。

"世界瓷都"——景德镇

为什么一说到瓷器，我们就会想到江西的景德镇呢？景德镇在制瓷界可是"老大哥"，这个地方从汉代便开始烧制瓷器，至今已有 1800 多年的历史。直到现在，这里生产的瓷器依然受到全世界人们的喜爱和追捧。

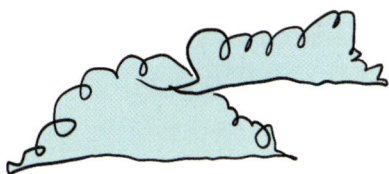

📖 知识加油站

宋代的五大名窑分别为：

汝窑：位居宋代五大名窑之首，产出的瓷器釉色近于淡青或淡白。

钧窑：产出的瓷器质地细腻，釉色多变。

定窑：因产出质薄体轻的白瓷而闻名天下。

官窑：宫廷自建的瓷窑，产出的瓷器胎细釉厚。

哥窑：产出的瓷器釉色以灰青为主。

为什么京剧被誉为"国粹"？

花脸大叔为什么叫"净"啊？

京剧的诞生

别看京剧只有两百多年的历史，在中国传统戏剧中还很"年轻"，但它的形成却凝聚了中国古人的智慧。清朝中叶，为了给乾隆皇帝祝寿，"四大徽班"进京献艺，揭开了京剧诞生的序章。之后，历经大约五十年，在表演方式不断改良的过程中，"四大徽班"最终成就了这个伟大的戏种——京剧。名画《同光十三绝》描绘的就是在京剧形成时期涌现的十三位重要名角。

从"生旦净末丑"到"生旦净丑"，"末"去哪儿了？

"生旦净末丑"是中国传统戏曲里的五大行当。"生"一般扮演正面的男性角色，根据年龄、身份可分为老生、小生、武生等；"旦"扮演女性角色，如老旦、青衣、花旦、刀马旦等；"净"俗称"花脸"，大多扮演具有勇猛粗犷或阴险奸诈等性格特征的男性角色；"丑"又叫小花脸，扮演的多是些喜剧角色。至于"末"，本是扮演中年以上的男子，但由于"生"也能扮演年纪很大的男性角色，后来逐渐就把"末"并入了"生"的行当。

为什么女性角色要男人演？

"我本是男儿郎，又不是女娇娥"，在京剧中，本代表女性角色的旦角为何要男性艺人来扮呢？

在古代，女人都讲究"大门不出，二门不迈"，连去戏园子看戏都难，更别提抛头露面在台上唱戏了。直到清末，随着思想禁锢（gù）被逐渐打破，女子才有机会登台献艺。

京剧脸谱里的学问

你知道吗？京剧脸谱的颜色其实暗藏玄机！花花绿绿的脸谱是对人物身份、年龄、性格和长相等特征的最直观的描述。比如，红脸的关公是忠义、耿直的；黑脸的包公是铁面无私、不苟言笑的；白脸的曹操是阴险、多疑的；蓝脸的窦（dòu）尔敦是桀（jié）骜（ào）不驯、工于心计的；黄脸的典韦则是暴躁、勇猛的……

📖 知识加油站

五花八门的戏曲剧种分别为：

评剧：又称"评戏"，是产生于河北滦（luán）县一带的一种地方戏曲剧种。

豫（yù）剧：也叫河南梆子，是河南地方戏曲剧种之一。

黄梅戏：也叫黄梅调，起源于湖北黄梅，壮大于安徽安庆。

越剧：由"落地唱书"发展而来，初名"小歌班""的笃班"，主要流行于浙江一带。

晋剧：又称"中路梆子"，流行于山西、内蒙古和冀北、陕北等地。

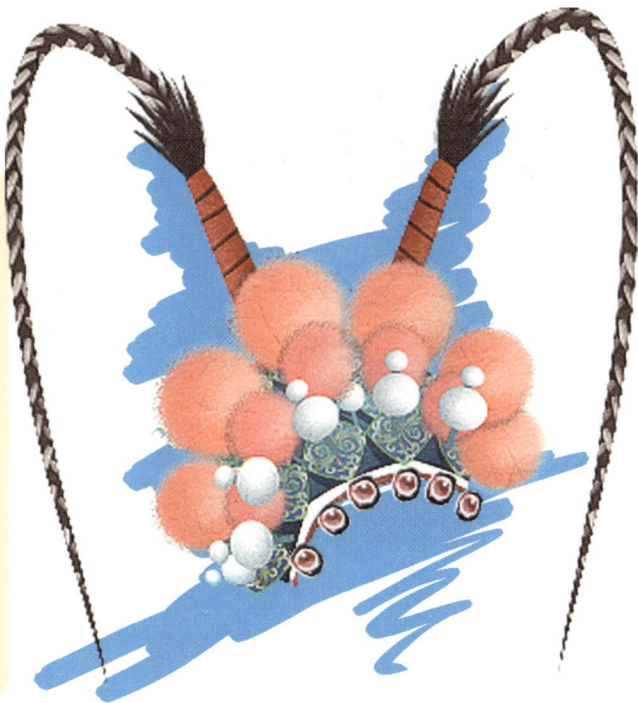

齐白石只会画虾吗？

因画虾而闻名于世？

提及齐白石，人们对他的第一印象大概就是：这位大师太会画虾了！当然，齐白石笔下的虾的确堪称一绝。虽然画中没有一滴水，但这些虾却宛如在水中灵巧地游动着。据说，为了每天都能观察虾的身体结构和动作，齐白石在家中养了许多虾。当然，除了虾，齐白石也画过许多其他题材，比如花鸟、山水、人物等。

齐老先生吃了多少虾，才能画得这么像？

齐白石像

画中的蝉活了？

你看过齐白石画的蝉吗？有人说，他画的蝉仿佛下一秒就要叫"知了——知了——"。来看看画上那只蝉的蝉翼吧！就算你用放大镜观察，蝉翼上的纹路也是清晰无比的。如果没人提醒你这是幅画，你说不定会把它当成特写照片呢。

没有美人的《槎上美人图》？

老婆饼里没老婆，鱼香肉丝里也没有鱼……那么，齐白石的《槎（chá）上美人图》里到底有没有美人呢？实际上，当我们把这幅画放大后，就会看到一位婀娜多姿的美人坐在木筏（fá）上，不信的话你可以自己找找看！要知道，《槎上美人图》长为 33 厘米，宽为 19 厘米，整幅画就只有一个巴掌那么大。只有你瞪大了眼睛仔细瞧才能看清坐在木筏上的美人。

奇怪，美人到底在哪儿？

《槎上美人图》齐白石

地球上最贵的鸭蛋和蟑螂

在超市花一两元钱，就能买到一个鸭蛋；在垃圾堆，很容易就能看到一只蟑螂……为何齐白石画中的"四块鸭蛋"和"一只蟑螂"，身价就值上千万呢？我们都知道齐白石画虾、桃子和荷花皆是一绝，而且相关作品很多，而他以鸭蛋和蟑螂为题材的画却非常少见。也许正应了"物以稀为贵"的说法，这幅《四块鸭蛋和一只蟑螂》的画才会拍卖出那么惊人的价格吧！

《四块鸭蛋和一只蟑螂》齐白石

💡 你知道吗？

在成为画家之前，齐白石是一位雕花匠。有一次，他无意间见到了《芥（jiè）子园画谱》的残卷，便被里面的内容深深吸引。于是，每日收工后，他都要翻来覆去地临摹（mó）和研究这本画谱。时间久了，齐白石便深得这本画谱里的绘画技巧，同时他又善于借鉴和思考，为他日后成为绘画大师打下了坚实基础。

徐悲鸿为什么**独爱画马**？

集万千宠爱于一身的马

徐悲鸿是我国现代美术事业奠基者之一，他家学深厚，自幼研习中国水墨画，还曾在欧洲学习油画和素描。徐悲鸿爱马，他在创作生涯中画过不计其数的马。除了《九方皋（gāo）》外，他画的所有马都是没有任何束缚、自由自在的。

徐悲鸿雕像

徐悲鸿画的马比照片还传神？

徐悲鸿不仅画出了马的"皮"，还画出了马的"骨"。他笔下的马不仅体态优美，还兼具蓬勃的生命力和坚忍的耐力。当然，这不仅因为他爱马，也因为他对马进行了长时间的观察和研究。到了晚年，徐悲鸿对马的肌肉、骨骼甚至神情已经了如指掌，画马的技法更是炉火纯青。

比真马还帅气！

《三骏图》徐悲鸿

中西合璧

你可能不知道的是，徐悲鸿除了擅长水墨画，他的油画也是可圈可点的。徐悲鸿是中国最早一批赴欧洲学习西方油画的画家之一。在欧洲留学时，他系统地学习了西方的绘画技法，并取得了很高的艺术成就。为了改良中国画，他将中西技法融合，创造了新颖而独特的绘画风格，对中国画坛产生了深远的影响。

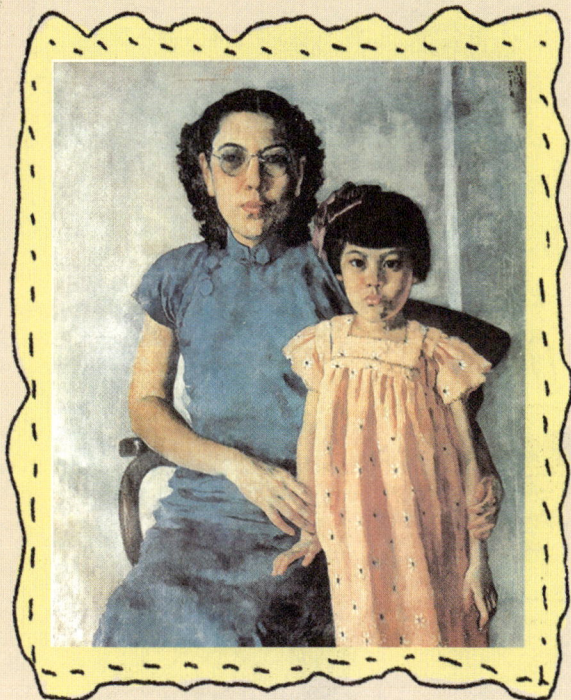

《母女像》徐悲鸿

人不可有傲气，但不可无傲骨……

徐悲鸿与他的生命画卷

《八十七神仙卷》是徐悲鸿花重金从外国人手中买下的唐代画作，据说这幅画出自画圣吴道子之手。整幅画卷虽使用了白描手法，却能给观者带来强烈的视觉冲击。有学者认为，它代表了中国唐代白描绘画的最高水平。徐悲鸿对这幅画爱不释手，他不仅在画后留下了大段的题跋（bá），还精心镌（juān）刻了一枚"悲鸿生命"的印章盖在画卷正中，可见其喜爱程度。

💡 你知道吗？

抗战时期，残暴的侵略者在神州大地上到处烧杀抢掠，给中国人民留下了难以抚平的伤痛。为了救国，徐悲鸿带伤远赴南洋地区，连办数场书画义卖活动，筹得了大量的赈（zhèn）款。之后，他分文未取，将这笔钱全部捐给了祖国。

中国古代只有皇帝一人穿龙袍吗？

穿上龙袍才有"皇帝范"？

俗话说得好，"人靠衣裳马靠鞍"，皇帝也是肉体凡躯，未必生来就有强大气场，要想让老百姓把他一眼认出来，自然得在衣服上下功夫了。龙袍材质精细，大气华丽，上面绣有精美的祥云簇拥着神圣的龙。看，皇帝的威严这不就有了嘛！

我就是这么与众不同！

第一个穿龙袍的皇帝是谁？

在中国，龙自古就是祥瑞之兽，它们能走，能飞，能游泳，能兴云作雨、祛邪避灾，也被视为皇族的象征。那么，谁是第一个穿龙袍的皇帝呢？在《史记》中，秦始皇又被称为"祖龙"，有学者认为这个称呼的含义是"龙的祖先"。据说，秦始皇嬴（yíng）政是中国历史上第一个穿龙袍的皇帝。之后历代皇帝一直沿袭，到了清朝，皇太后、皇后以及其他妃嫔还会穿"女龙袍"。

感觉黑色龙袍不吉利呢！

人家是"黑龙天子"啦！

44

听说咱俩是一家？

没……我没……说过……

秦始皇独爱黑色龙袍

并不是所有的龙袍都是黄色的，比如秦始皇嬴政就爱穿黑色的龙袍，这是因为秦朝崇尚黑色。相传，有一天，秦国的第二位国君、嬴政的先祖秦文公外出打猎，在河里抓到了一条大黑龙，所有人都认为这是祥瑞之兆。从此，在秦国乃至后来的秦朝，黑色就具有与众不同的意义。

后宫妃嫔也能穿龙袍？

从隋唐开始，黄色成了皇家的御用色，绣有龙纹的黄色龙袍为皇帝专属。要是在谁家中发现了黄色的龙袍，那就是他想要谋反的铁证。到了清朝，后宫妃嫔虽然也穿龙袍，但只有地位比较高的皇太后、皇后和皇贵妃，才能和皇帝一样用明黄色，其他妃嫔只能用金黄色或香色（类似茶褐色）。

💡 你知道吗？

"蟒袍"中的"蟒"指的不是蟒蛇，而是少了一爪的龙。清朝时期，除了皇帝和后宫妃嫔，其他人是不允许穿龙袍的。蟒袍在明代是官员的朝服，到清代才放宽限制，上至亲王，下至未入流官都可穿着，但颜色、蟒数依然有区别。

古代大户人家为啥用石狮子"站岗"？

祛邪避凶还是彰显地位？

在中国传统文化中，狮子被视为祥瑞之兽，因为人们认为它具有强大的气场和威慑（shè）力，能够祛邪避凶，保护家宅平安。另外，狮子最早是作为贡品进入中国的，在古代几乎只有王公贵族才能观赏到这种从外国"进口"的动物。因此，在门口摆上一对威风凛凛的石狮子，也是当时大户人家彰显身份和地位的方式。

我也要去站岗，显显威风！

这对狮子够气派的，一看就是大户人家！

石狮子的"卷发"造型大有讲究

你注意到石狮子头上那些小疙瘩了吗？它们被称为"鬈（quán）毛疙瘩"。在中国古代，一品官员使用的石狮子能刻13个疙瘩，其他品级的官员则按官衔大小逐级递减，而七品以下官员及普通百姓是不能在自家门前摆放石狮子的。这些石狮子不仅起到了装饰门庭的作用，也反映了中国古代的等级制度。

让我数数你有多少个鬃毛疙瘩。

底座上的花纹也有说法

石狮子看起来这么威猛，如果只让它站在一块光秃秃的大石头上，那真是太可怜了，所以工匠会在它的底座上雕刻出精美的花纹。这些花纹也是很有讲究的，在清朝时期，底座的正面要刻瓶、盘和三支戟（jǐ），寓意官运亨通；右边刻牡丹和松柏，象征富贵和长寿；左边刻"文房四宝"，象征才华与知识；后面刻八卦太极图，寓意镇妖祛邪。看来，不管高门大户还是平民之家，都对生活充满了美好的期盼！

💡 你知道吗？

一般来说，石狮子的摆放需要遵从"左雄右雌"的规矩，并且雄狮的右前爪会踩着一个大绣球，雌狮的左前爪会按着一只正在玩耍的小狮子。

为什么有些狮子会含着一颗球？

你注意过吗？有些石狮子的嘴巴里会含着石球，这是为什么呢？有一种说法是，因为它们守门时听到了王公贵族的许多秘密，所以人们便往它嘴里塞入石球，防止秘密外泄。另一种说法是，很久以前，有妖魔为祸人间，一位勇士不惜跋涉千里，向神仙寻求降妖除魔的办法，神仙赠他一颗神奇的宝珠，告诉他只要将宝珠含入口中就能变成狮子。于是，每当妖魔来到人间，他就含着宝珠变成狮子与它们搏斗。后来，为了纪念这位勇士，人们便雕刻含着宝珠的石狮子放在门前，希望将所有妖魔都吓跑。

"剪"出来的民间艺术

我这算不算艺术？

你这叫浪费！

剪纸起源于何时？

剪纸艺术是随着造纸术的发明而逐渐形成的。你知道吗？我们目前发现的中国最早的剪纸实物来自约 1400 年前的北魏时期，但"剪纸"这个词其实是在唐代才出现的。在唐朝，剪纸艺术被广泛用于各种活动，比如祭祀、丧葬和节庆等。到了宋代，民间不仅涌现出很多剪纸艺人，还产生了不同的剪纸流派。

📖 课堂小链接

藏在古诗里的剪纸艺术：

人生无家别，亲故伤老丑。
剪纸招我魂，何时一樽酒。
　　——〔宋〕文天祥《第一百五十九》

剪纸铺平江，雁飞翠字双。
秋山青隔岸，谁启读书窗。
　　——〔宋〕王子俊《长风纸平渡》

金甲朱衣画壁昏，军声不到暂开门。
数家祈福来浇奠，剪纸糊灯作上元。
　　——〔元〕方回《野庙》

剪纸里藏着故事

剪纸艺术吸收了丰富的中华传统文化元素，图案常取材自传统节日、神话传说、民间故事等。成品不仅可以用来装饰窗户、门楣（méi）、墙壁、灯笼等，还可以作为刺绣的花样。在过去，每逢喜庆的日子，人们都会用彩纸剪出各种寓意吉祥的图案，将它们粘贴在家里的各个地方，以祈求出入平安、吉祥如意。

💡 你知道吗？

2009 年，中国剪纸被列入联合国教科文组织非物质文化遗产名录（名册）项目，成为中华文化走向世界的"名片"之一。

剪纸里的大智慧

古人十分擅长剪出对称性的图案，一张红纸对折几次，再轻轻剪上几刀，打开后就是一幅美丽的窗花。至于那些对称性没那么强的图案，他们还准备了秘密武器——刻刀。总之，只有你想不到的图案，没有他们剪不出来的图案。

哇，这才叫真正的剪纸艺术！

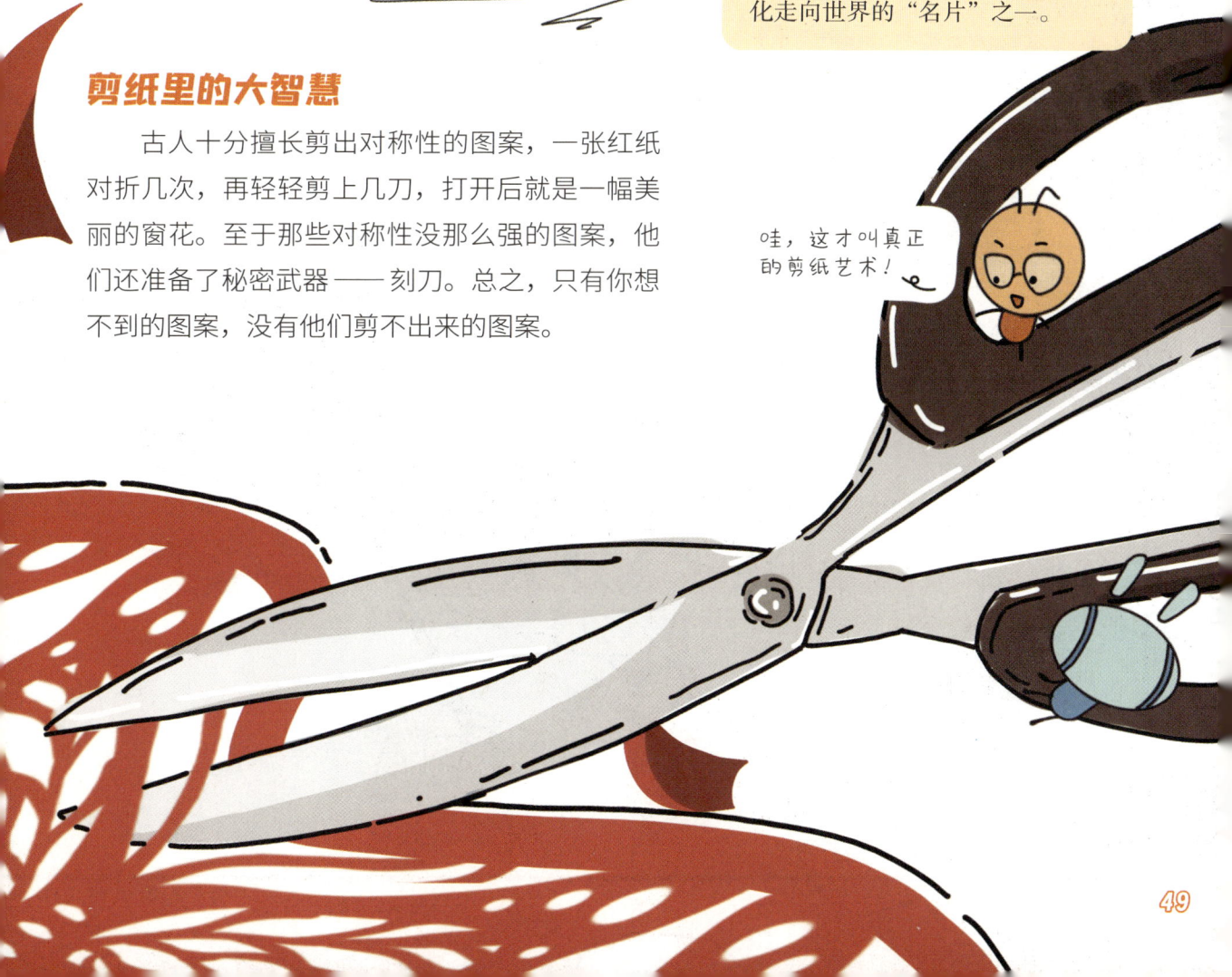

古代也有动画片吗？

皮影戏是古代的动画片吗？

皮影戏，又称"影戏""灯影戏""土影戏"，它是我国历史最为悠久的剧种之一。皮影是一种用驴皮、牛皮、羊皮等兽皮或者纸板做成的人物剪影。表演时，艺人站在被灯光照射的白色幕布后，一边操控薄如蝉翼的皮影做动作，一边模拟人物对话及唱歌。这么一看，皮影戏可不就是古代的动画片吗？

皮影戏是怎么诞生的？

传说，汉武帝在他的爱妃李夫人去世后一直郁郁寡欢。有一天，一个名叫少翁的方士偶遇孩童拿着布娃娃玩耍，而布娃娃投在地上的影子和真人的十分相像。于是，他灵机一动，将李夫人的画像剪下来，立在一块白色的纱幕之后，汉武帝一看还以为李夫人又活过来了。虽然这只是一个传说，但它说明皮影戏可能始于汉代。

嗷！

走，我带你看皮影戏去！

皮影戏分很多种吗？

当然啦，古老的皮影戏是一个大家族，根据流行地区、演唱曲调以及皮影的制作材料，可以分成不同剧种，比如河北唐山的驴皮影、东北地区的"照条儿"、山西的"皮腔纸窗影戏"、陕西华阴老腔皮影戏和阿宫腔皮影戏……你知道吗？据说，在元朝时期，皮影戏还曾通过西亚，传播到了遥远的欧洲。

今天为什么很少有人看皮影戏了？

皮影的制作工序十分复杂，既费时也费力。皮影戏对表演者的要求很高，他们不仅要能灵活自如地控制皮影，还要精通"配音"。此外，由于现代影视艺术的冲击，皮影戏对观众来说已经远不如从前那样具有吸引力了。

💡 你知道吗？

怎样能让皮影戏恢复活力呢？不如把它变成真正的动画片吧！在先进的数字技术的加持下，皮影戏不仅可以解决制作难、保存难等一系列问题，还能进行更精美、更有意思的演出，这可真是一举两得呀！

踩高跷也是一种舞蹈吗？

请叫我高富帅！

别自欺欺人啦！

高跷和晏子有什么关系？

相传，春秋时期，齐国宰相晏子有一次出使邻国，邻国国君知道他身材矮小，想羞辱他一番，便命人准备了一把很矮的椅子给他。晏子听到这个消息后，机智地在腿上绑上了长长的木棍，使自己显得非常高大。邻国国君见到后哑口无言，只能让人重新给他准备一把正常的椅子。后来，百姓们纷纷模仿晏子，踩高跷这项民俗活动便流传开来。

看谁还敢嫌我矮小……

高跷的起源

关于高跷的起源，民间传说及古籍记载各异。一种说法是，在原始社会，人们为了摘到结在高处的果子或者下河捕鱼，而发明了高跷；还有种说法是，踩高跷原本是一种神秘的宗教仪式，后来逐渐演变为一种流行于民间的舞蹈形式，又被叫作"高脚戏"，表演内容多是神话传说和历史故事。

我的！

是我的！

两千多年前的高跷表演

踩高跷也是一种民间舞蹈，很早就被视为我国的"百戏"之一。早在战国时期的名著《列子》中就记载了"兰子弄剑"的故事。故事是这样的：有一个叫兰子的人求见宋国国君，想要为他表演自己的绝技。国君接见了他，让他当众表演技艺。只见他双腿上各绑一根比身体还长一倍的木棍，一边又跑又跳，一边在半空中随心所欲地抛接着七把短剑。国君大为惊叹，当场就赏给他许多宝贝。由此可见，高跷表演早在两千多年前就已经出现了。

太高了，他们都快钻到云朵里了！

既是舞蹈，也是杂技

高跷既是一种民间舞蹈，也可以算是一种杂技。如今，高跷表演已经变得越来越多样化，在我国，不同地区的高跷表演各有特点，所用的高跷的高度也不尽相同，高的可达五六米，而矮的不到一米。另外，高跷表演还有"单跷"和"双跷"之分，"单跷"由于只使用一根木跷，对表演者把握平衡的能力要求更高。

💡 你知道吗？

高跷表演还有"文""武"之分！文高跷注重踩扭和情节性表演；武高跷则注重高难度的技巧表演，如单腿跳、空翻、倒立、走独木桥、跳高桌等。

在古代，风筝曾被当作军事武器

为什么"纸鸢"变成了"风筝"？

人们对风筝的起源有很多不同的说法。有一种说法是，风筝最早是我们祖先模仿飞鸟而制作的一种玩具，因此又被叫作"纸鸢（yuān）"或"鹞（yào）子"，意思是用纸扎成的凶猛的大鸟。五代时期，一名叫李邺（yè）的官员在宫中放纸鸢时，在纸鸢的脑袋处安了一个哨子，当它飞上天空后，发出的哨声如同弹筝的声音，于是纸鸢便有了"风筝"这个新名字。

风筝曾被当成军事武器

在古时候，风筝可不只是玩具，它也会被用在军事作战上。相传，古代工匠鲁班曾制作木鸢以窥探敌城；楚汉相争时，韩信命人将绑有哨子的风筝放到天空上，用哀怨的哨声打击楚军的士气；汉高祖在位时，韩信意图谋反，想要利用纸鸢来测量未央宫的距离，以便挖地道进入宫内；梁武帝被叛军围困时，派人把求援的诏书绑在风筝上放了出去……

人人都喜欢放风筝

自唐宋时期开始，风筝就渐渐失去了军事功能，放风筝成为广泛流行于民间的一种娱乐休闲活动。当时的文人还创作了很多诗句来描写人们放风筝的场景，如"有鸟有鸟群纸鸢，因风假势童子牵"。尤其在宋代，越来越多的人喜欢放风筝，大人也跟着小孩一起玩，还经常举办风筝竞技比赛，开发出了各种各样的有趣玩法。

风筝之间也有激烈的战斗

在宋代，人们发明了一种玩法，那就是让两只风筝"武斗"。大致的玩法就是，故意让两只风筝的线缠绕在一起，谁的风筝线断了，谁就输了。当时，为了在风筝竞技比赛中取得胜利，人们绞尽脑汁地提升"飞行"技术，试图成为最强的"风筝王"。这种玩法一直流传到明清时期，但现在已经非常少见了。

在民间，有些人相信放风筝能够带走自身的晦气，于是在清明节放风筝时，他们会把灾祸疾病写在风筝上，等风筝升入高空时，便剪断风筝线，任由其随风远去，以此寄托将疾病与晦气随风筝一同被带走的愿望。

自带艺术气质的中国书法

中国书法从何而来？

中国的书法艺术几乎与汉字同时诞生。从最早的甲骨文到金文，文字在不同载体上呈现出多姿多彩的书写风貌。到了春秋时期，各个诸侯国的文字独具特色，文字书写开始有意识地朝着艺术化的方向发展。随着时间的推移，汉字不断演变，衍生出越来越多的书体，而纸和笔的普及也为书法艺术在民间的蓬勃发展提供了有力支撑。

看我的草书怎么样？ 像蜘蛛爬的……

五大书体的演变历程

我们通常将篆（zhuàn）书、隶书、楷书、行书、草书称为中国书法的五大书体。

篆书是大篆和小篆的统称。大篆指的是周朝的字体，笔画比较繁复；而小篆则是指秦国统一后的规范文字，它结构简单、线条圆润、笔画齐整，非常美观。

隶书由篆书简化演变而来，它产生于战国时期，盛行于汉代。隶书将篆书圆转的笔画变成方折，增强了书写的便捷性和字体的装饰性。

楷书是隶书的变体，但比隶书更容易书写。楷书形体端正工整，笔画横平竖直，是现代标准印刷字体之一。

草书是为使书写简便快速而产生的书体。草书创作讲究快意洒脱、不拘小节，有不少人难以欣赏它的美。

行书是介于楷书与草书之间的书体，兼顾了楷书的易读性和草书的流畅性。因此，有人叫它"行楷"，也有人叫它"行草"。

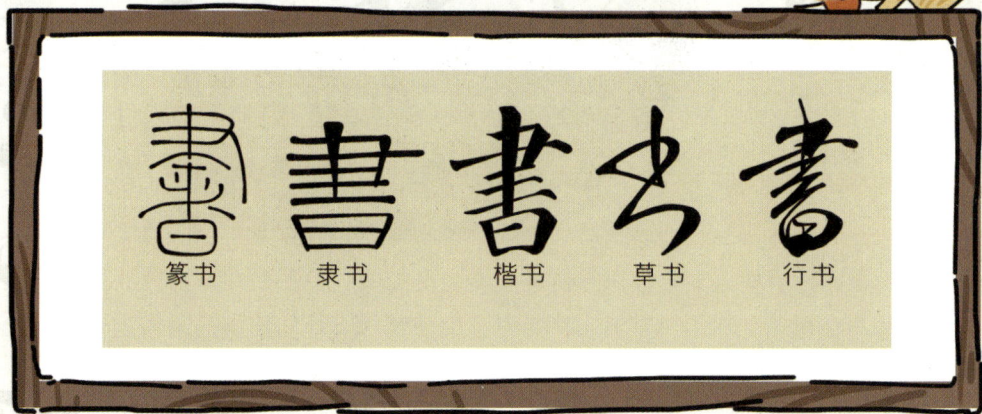

| 篆书 | 隶书 | 楷书 | 草书 | 行书 |

中国的软笔书法享誉世界，它的创作过程离不开这几个好搭档：毛笔、宣纸、墨汁、砚台、水、镇纸（用来固定纸张的工具）、印章。

王羲之为什么被称为"书圣"？

王羲之是东晋著名的大书法家。有一天，他和一群文人雅士一起去一个叫兰亭的地方游玩，众人在河边饮酒作诗，十分高兴。这时，有人提议把他们当天写的诗汇总起来，编一本《兰亭集》。大家都觉得好，便推举王羲之来为《兰亭集》写一篇序言。于是，王羲之便写下了被后世称为"天下第一行书"的《兰亭集序》，王羲之也因此被后人尊称为"书圣"。

《兰亭集序》绢本〔晋〕王羲之

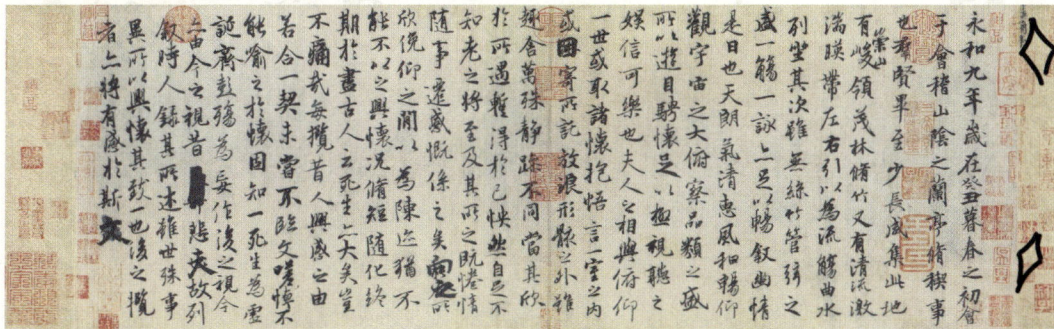

💡 你知道吗？

苏轼和黄庭坚是一对意气相投的好朋友，他们二人都是宋朝有名的大才子，但他们却并不欣赏彼此的书法作品。黄庭坚曾形容苏轼的字如"石压蛤蟆"，而苏轼则形容黄庭坚的字如"树梢挂蛇"。看来，每位大才子都有自己独特的审美情趣啊！

你这字就像蛤蟆压石！

你这像死蛇挂树！

二十四节气里藏了多少古人的智慧？

我只关心二十四节气吃什么……

馋猫！

古人通过测量杆子投射的影子长度来判断节气

古人是怎样划分二十四节气的？

所谓的"二十四节气"，就是一年中地球绕太阳运行到二十四个规定位置上的日期。早在西周时期，我们的祖先就通过观察太阳影子的长短，来推断自然气候的变化。之后，经过一代代人的改进和补充，在两千多年前的汉代，确立了我们现在熟知的二十四节气。二十四节气就像是一张时间表，不仅反映了自然气候的变化和季节的更替，也为人们的衣食住行和农业生产提供了重要的参考。

哪些节气比较特殊？

我也想吃春饼……

今天是立春呀！

在二十四节气中，春分、秋分、夏至、冬至、立春、立夏、立秋、立冬，又被称为"八节"，因为它们是一年中相对特殊的时间节点。立春、立夏、立秋、立冬反映季节的更替，春分、秋分、夏至、冬至反映昼夜的长短变化。在古代，人们会在这些日子举行具有象征意义的民俗活动。比如，在立春，官府会举行"打春"仪式，用泥土制作"春牛"，再用鞭子把它打碎，而百姓会把捡来的"春牛"碎片放到家中，以祈求五谷丰登、六畜兴旺。

节气决定古人做什么

节气是古人亲近自然的"小贴士"，他们会依照节气来安排自己的娱乐活动和农事生产。立春剪彩，清明踏青，立夏消暑。立秋天气转凉，禾谷开始成熟，农民迎来收获的季节。当冬至来临，天气寒冷，人们躲在屋子里取暖，希望冬天能快点儿过去。为了消磨时间，一种叫"数九"的游戏应运而生。因"时"而动，是古人在生活中总结出来的伟大智慧。

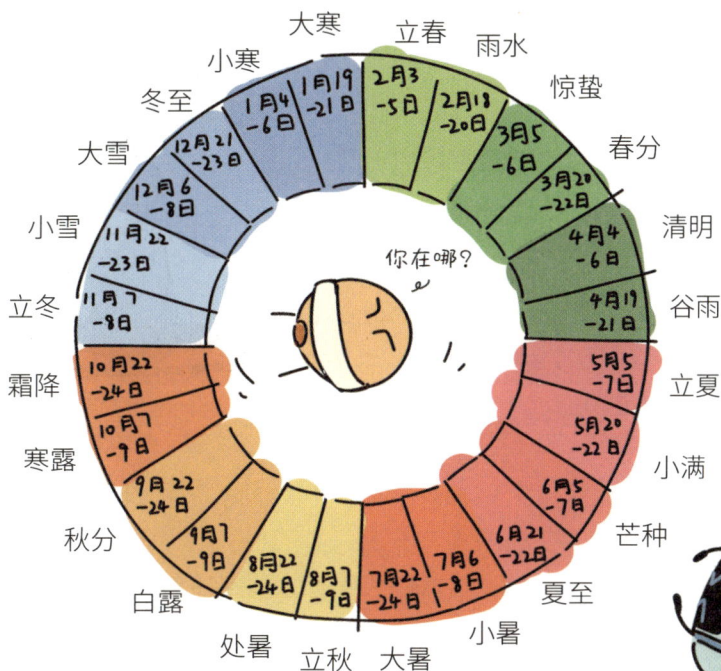

节气决定古人吃什么

从很久以前开始，中国人就会根据节气的变化来调整饮食。例如，立春时，人们吃春饼和"春盘"，以迎接逐渐回暖的春天；立夏后，天气开始变得炎热潮湿，人们吃滋补身体的"立夏饭"，喝"立夏茶"，以强身健体、远离疾病；立秋来了，人们吃"秋瓜"，以消除燥气、调养身体；在寒冷的立冬，为了应对越来越低的气温，人们会提前准备好酒、腌菜、糯米团等食物。

为什么国画被称为「丹青」？

什么是国画？

国画，即中国画的简称，它在世界美术领域中独树一帜，自成体系。国画的精髓在于精准捕捉形象内在的神韵，通过巧妙运用线条的粗细变化和着墨的虚实手法，来营造出深远的意境。作为中国的传统绘画形式，国画通常使用毛笔蘸（zhàn）取水、墨、国画颜料等材料，在绢或宣纸上进行创作。

"丹青"之名的由来

国画这一承载着深厚文化底蕴的艺术形式，在中国古代常被称为"丹青"。这一名称的渊源可追溯至古代绘画的常用色彩——朱红和青色。朱红象征着热情与活力，青色则代表着宁静与深远。在古代，绘画大师们常常以这两种色彩为主调，描绘山川、人物、花鸟，使得画面既鲜艳又富有层次感。如《汉书·苏武传》中所言："竹帛所载，丹青所画。"

丹青师傅是干什么的？

就是画工啊，民间叫"丹青师傅"。

国画的分类

在技法上，国画可分为工笔与写意，工笔画注重细腻描绘，写意画则追求意境表达。在题材上，国画可细分为人物画、山水画与花鸟画等。

（一）人物画

国画中的人物画法与西方油画中常用的明暗对比和透视法有显著不同，国画更倾向于运用蜿蜒曲折的线条来精心描绘人物的体态与神韵。东晋的顾恺之、盛唐的吴道子与阎立本，以及明代的唐伯虎等都是人物画的杰出代表。

你在写字吗？

??

我在画国画啊！

《历代帝王图》局部〔唐〕阎立本

《洛神赋图》局部〔东晋〕顾恺之

《嫦娥奔月图》〔明〕唐寅

（二）山水画

国画最初并没有独立的山水画，它只是作为人物画的背景和衬托。隋唐时期，山水画逐渐从人物背景中脱离出来，成为独立的画种，出现了如展子虔（qián）、李思训、范宽等山水画大师。

《游春图》〔隋〕展子虔

💡 **你知道吗？**

当时的山水画画家在绘画风格上分为南派和北派。南派表现南方山水的郁郁葱葱、云雾缭绕之美，北派则描绘北方山川的巍峨壮丽、气势磅礴。

（三）花鸟画

花鸟画在五代时期兴起，从唐朝开始，花鸟画就自己成了一门独特的绘画种类。古代花鸟画讲究精细的工笔描绘。到了近代，一些国画大师开始运用浓墨和淡点的方法来画花鸟鱼虫及各种动植物。比较有代表性的花鸟画画家有唐代大画家韩滉（huàng）、五代时期的黄筌（quán）等。

《五牛图》〔唐〕韩滉

过生日为什么要吃长寿面？

还要配个鸡蛋！

过生日要吃长寿面！

因为脸长，所以面长？

传说有一天，汉武帝对自己的大臣东方朔（shuò）说道："脸上的人中部位越长，人的寿命就越长。"东方朔听后，忍不住放声大笑，说道："彭祖活了八百岁，他的脸该有多长啊！"随着这件事情被传播出去，越来越多的人开始相信人的面孔越长，寿命也越长。由于面条的"面"与面孔的"面"是同一个字，人们便在生日这一天吃长长的面条，祈求长命百岁。

面条长长，寿命长长

当然，汉武帝与东方朔的故事只是一个有趣的传说，事实上没有人知道过生日吃面条这个习俗究竟是什么时候产生的。不过，在清朝时期，有一本叫《清稗（bài）类钞》的书中曾明确地记载："面条长，取其绵绵不断长寿之意也。"意思是吃了长长的面条，寿命也会和面条一样长长久久。

吃长寿面，最好搭配鸡蛋

　　能孵出小鸡的鸡蛋，常被视为生命的延续和新生的象征。与面条一样，它也承载着人们对生命长长久久的期盼。煮长寿面时，很多人喜欢在里面加一个荷包蛋，这不仅能使食物更美味，更是为了让过生日的人能得到更多的祝福。你知道吗？在一些地区，过生日的人还要用鸡蛋滚一滚自己的身体，以祈求新的一年交好运。

好运滚滚而来。

过生日的人为啥要叫"寿星"？

　　"寿星"，又称"老人星"，它是天空中真实存在的一颗星星。自古以来，人们一直将它视作能赐福给凡人的神灵。我们在年画中经常看到的头顶大包的秃顶老人，就是传说中的寿星的形象，象征着长寿和吉祥。

哇！他的额头好大！

十二生肖里的秘密

我的生肖是猫！

十二生肖里没有猫。

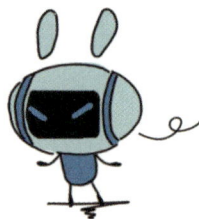

什么是十二生肖？

十二生肖，又称"十二属相"，与十二地支搭配在一起，就是古人用来纪年的一种方法。具体搭配是：子鼠、丑牛、寅（yín）虎、卯（mǎo）兔、辰龙、巳（sì）蛇、午马、未羊、申猴、酉（yǒu）鸡、戌（xū）狗、亥（hài）猪。每个人都有对应的属相，可以通过自己的出生年份推算出来。

十二生肖的动物是怎么选的？

隋朝时期，一个叫萧吉的学者提出了疑问：为何不选麒麟和凤凰作为生肖？对此，他也提出自己的猜想：麒麟、凤凰虽是瑞兽，但它们对人们用处不大，在选择生肖时，古人可能更重视什么动物对人们的生产生活更有帮助，比如鸡可以下蛋，牛可以耕田，传说中的龙则可以呼风唤雨。

生肖里的动物崇拜

自古以来，十二生肖深受人们崇拜，人们赋予它们许多美好的寓意。例如，家长会为孩子穿有老虎图案的衣物，戴虎头帽，期盼孩子得到"虎神"的保护，能像老虎一样拥有强大的力量。给孩子取名时，有些家长也会考虑孩子的生肖，在他的名字中加入与生肖有关的字。

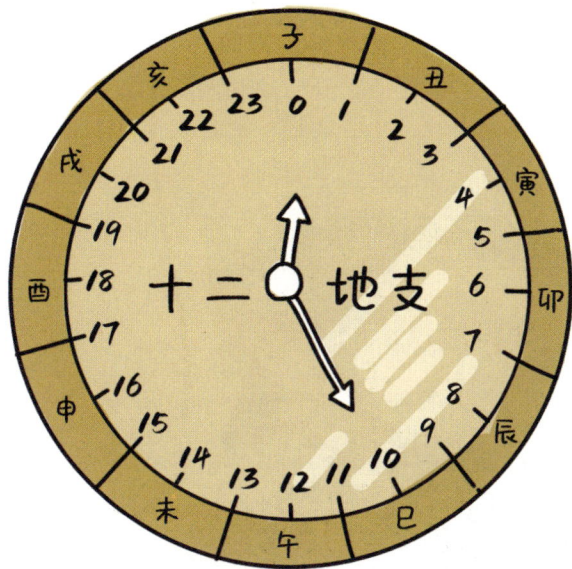

虎子，去把爷爷的拐杖拿来！

📖 知识加油站

"十二地支"，即子、丑、寅、卯、辰、巳、午、未、申、酉、戌、亥，是古人用来标记时间和指示方位的重要工具。在没有二十四小时制的时代，古人用十二地支将一天划分为十二个时辰，每个时辰相当于现在的两个小时左右。

💡 你知道吗？

十二生肖每隔十二年就会轮回一次，这意味着每个人相隔十二年就会遇到一次自己的"本命年"。这一年，人们通常会穿红色的衣服、系红色的腰带、穿红色的袜子等，以此期盼能躲避灾祸、逢凶化吉。

中国的年画里藏着什么？

年画里还能藏什么呢？

中国民间的传统文化呀！

什么是年画？

年画又称"纸画"或"贴子"，是中国民间绘画的一种。在过去，人们习惯在过年的时候把年画张贴在门窗、墙壁等地方，以祈求赶走坏运气，迎接好运气。年画的起源可以追溯到远古时期，当时的人们有着原始的图腾崇拜，相信图腾具有庇（bì）护自己的力量。不过，直到唐宋时期，随着印刷术的发展，年画的艺术形式才逐渐定型。等到明清时期，年画在全国范围内广泛流行，内容也变得丰富多彩。

年画里藏着生活百态

年画的内容体现了百姓生活的很多方面，比如对神仙与瑞兽的崇拜、农事生产、节日习俗等。它们为今天的人们深入了解古代社会生活提供了重要资料。年画的产地分布很广，每个地方都有自己的特色，其中以天津杨柳青、山东潍（wéi）坊杨家埠（bù）、江苏苏州桃花坞（wù）、四川绵竹、广东佛山等地的年画最为著名。传统年画因为多用木版水印，所以制作起来比较麻烦。

助力传统年画焕发生机

随着时代的变迁，传统年画逐渐从人们的生活中淡出，只有在某些农村集市上才能见到它们的身影。为了保护这种古老的传统艺术，许多艺术家以年画为基础，将其和西洋画的技巧融合在一起，创作出了十分新颖的艺术品。这样的艺术品既保留了年画的特色和寓意，同时展现出新的活力和时代感。

为什么这两位大将成了门神？

相传，唐太宗经常梦见有妖魔来袭击自己，以至于夜夜都睡不好觉。大将军秦琼听说后，就和尉迟恭一起守护在宫殿门外，为唐太宗驱除妖魔。自此以后，唐太宗再也没有在梦中受到妖魔的侵扰。这一事迹传到民间，百姓就把两位大将的画像贴在门上，以守护家宅平安。于是，秦琼和尉迟恭就成了门神。

这两个门神好威武啊！

他们是用来驱除邪恶的！

年是怎么来的?

你最喜欢过年时的哪个习俗?

收压岁钱!

"年"是一头怪兽吗?

从很久以前开始，民间便流传着一个关于"年"的传说。相传，有一头叫"年"的凶猛怪兽，每到岁末，它都会现身伤人，把人们吓得到处躲藏。后来，人们渐渐发现这种怪兽怕红色、光亮和声响，于是家家户户每到这个时候都会贴红纸、点灯、敲锣打鼓、燃放爆竹。果然，年兽被吓得落荒而逃，再也不敢来侵扰百姓了。渐渐地，人们就把这一天称为"过年"，这些习俗也流传下来。

"年"的历史

过年是指中国的农历新年，也叫春节，是传统农业节气中立春岁首的时节。关于年的起源，目前还没有一个确切的说法，但普遍认为它的形成受到了夏商年终岁首庆祝活动的影响。汉朝时期，这一节日被正式确立并逐渐发展成全国性的节日。直到近代，随着公历的引入，公历的1月1日被定为"元旦"，而农历的正月初一则被称为"春节"。自此，现代意义上的春节逐渐被确立，并沿袭至今。

爆竹声中催腊去

春

为什么要给小孩压岁钱？

　　"岁"与"祟"同音，而祟指灾祸，所以"压岁"就是"压祟"，意思是赶走那些对人有害的东西。古时候，每到除夕，大人们都会为孩子们准备压岁钱，希望这份心意能守护他们，让他们在新的一年健健康康地成长。压岁钱的数额并不重要，重要的是其中寄托着长辈对孩子们的关爱与祝福。

过年有哪些传统习俗？

　　除了贴对联、燃放爆竹、守岁之外，过年还有很多习俗，比如要进行大扫除，把坏运气统统扫出门；要购置年货，准备许多好吃的东西；做一顿丰盛的年夜饭也是必不可少的，不过具体吃什么，全国各地都有自己的"拿手菜"。此外，还有祭祖、游神、拜年、逛庙会等。过年可真是一个热闹非凡的节日呀！

以后再也不敢来了……

寒梅香里送春来

💡 你知道吗？

　　中国新年的影响力早就跨越了国界，日本、韩国、越南和马来西亚等国家受中国文化的影响，都有庆祝春节的习俗。并且，很多生活在海外的华人在春节期间也会举办许多庆祝活动，尤其在华人聚居的唐人街上，热闹非凡的舞狮、舞龙表演总会吸引大量的当地人前来观看。

是谁发现了 茶叶？

乌龙茶里面有乌龙吗？

"中华茶祖"神农氏

　　茶是中华民族最早发明并享用的饮料，据说它"始于神农时代，闻于周公时期，繁于唐代，荣于宋朝"。在古代传说中，茶叶是神农氏发现的。据《神农本草经》记载："神农尝百草，日遇七十二毒，得荼（就是茶）而解之。"意思是，神农氏在尝百草时不幸中毒，但喝了茶之后就没事了。这虽然只是个传说，但也足以说明早在远古时期，茶的药用价值就已经被人们所知晓。

哇，一片叶子竟让我神清气爽！

您就是"茶圣"？

我只是嗜茶如命而已！

一生嗜茶的"茶圣"

　　唐朝时期，有个叫陆羽的人，他不仅嗜（shi）茶，还精于茶道。据说，他用一生的时间游历大江南北，就是为了找到最好的茶叶和泡茶的水。他还写下一部关于品茶的传世著作——《茶经》，详尽地介绍了我国古代各种茶叶的产地、制作工序和技艺，以及煮茶、饮茶的方法。陆羽因其对茶文化的卓越贡献，被后人尊称为"茶圣"。

茶有哪些种类？

茶的品种繁多，按照茶的色泽与加工方法，一般分为红茶、绿茶、青茶、黄茶、黑茶和白茶。其中，红茶、绿茶和青茶最为常见。红茶，全发酵茶，因其茶汤呈红色而得名，味道醇美，气味芳香，还具有温补脾胃的功效；绿茶，不发酵茶，口味清新朴素，常被用来调制各种奶茶；青茶，也就是乌龙茶，半发酵茶，是一种极具中国特色的茶，虽然它的制作工艺十分复杂，但喝起来令人回味无穷；黄茶，微发酵茶，其特点是茶叶呈现黄色，口感醇厚，具有独特的闷黄工艺；黑茶，后发酵茶，经过长时间的发酵和陈化，口感醇厚，具有降脂、助消化的功效；白茶，微发酵茶，采摘后不经过杀青和揉捻，自然干燥，保持了茶叶的自然风味。

喝茶还要讲"工夫"？

历经千百年来的发展，我国各地逐渐形成了具有地域特色的饮茶艺术，我们称之为"茶道"或"茶艺"。其中比较有代表性的就是潮州工夫茶了，它的炮制过程极为讲究，有多达 21 道复杂的工序。据说，日本的煎茶道就是潮州工夫茶的一种衍生品。

喝茶还要讲究"功夫"吗？

我说的是"工夫茶"。

💡 你知道吗？

茶叶原产自中国，16 世纪才被欧洲人发现。后来，荷兰商人将茶叶从中国带到了大洋彼岸的英国，引发了英国上流社会的"红茶热"。那么，为什么偏偏是红茶赢得了他们的喜爱呢？据说，当时交通不便，路途遥远，新鲜的绿茶容易腐败变质，而红茶是经过发酵的茶，可以存放更长的时间。

元宵节为什么要"闹元宵"？

元宵节竟起源于天帝的"老花眼"？

相传，在很久以前，一位猎人误杀了天帝的神鸟，天帝大怒，要放火烧光人间。然而，一位善良的仙女不忍见到惨剧发生，便偷偷下凡，向人们传授了一条妙计：在街头巷尾挂满红艳艳的灯笼。等到预定放火的那天，天帝往下一看，人间到处都是一片明亮的红色，便以为自己已经惩罚了凡人，就得意扬扬地离去了。于是，人间得以逃过一劫。为了纪念这位善良的仙女，此后人们在每年正月十五都会点亮灯笼。久而久之，元宵节便产生了。

元宵节为什么要开灯会？

传说，汉朝在建立之初曾经历了一段漫长的内乱，直到汉文帝即位后，社会才逐渐恢复了和平。为了纪念来之不易的胜利，汉文帝将每年的正月十五，也就是平定叛乱的这一天，定为庆祝日，家家户户都张灯结彩，以表达喜悦之情。随着时间的推移，灯会逐渐成为元宵节的一个重要组成部分。

为什么元宵节也吃汤圆呢？

北方习惯吃元宵，南方习惯吃汤圆呀！

为什么要"闹元宵"？

在元宵节这天，人们会举行一系列喜庆热闹的活动，包括办灯会、挂灯笼、燃放烟花爆竹、赏月和猜灯谜等。此外，不同的地域还有不同的民俗表演，如杂技、扭秧歌、踩高跷（qiāo）、舞龙和舞狮等。总之，这一天，男女老少齐上阵，到处都是一派热闹非凡的景象。对于中国人来说，元宵节是一个充满欢声笑语的节日，我们通过"闹元宵"表达的正是对美好生活的希冀（jì）。

元宵节是古代的"情人节"吗？

在古代，女子通常深居简出，很少有机会出门，但在元宵节这天，她们可以出门赏花灯。这一天，她们可以见识更多的新鲜事物，遇见更多有趣的人，因此，这个节日也是青年男女们结识和交流的好日子。在璀（cuǐ）璨（càn）的灯火映照下，有情人彼此传递爱意与真情，这多浪漫呀！怪不得元宵节又被称为古代的"情人节"呢！

猜 灯 谜

"二月二，龙抬头"是怎么来的？

"二月二"是怎么来的？

最早的时候，"二月二"与"龙抬头"并没有太大的关系。相传，在唐朝，唐德宗为了鼓励农耕、祈求丰收，将农历二月初一定为"中和节"，农历二月作为新年农事生产的起始月，对国家具有重大意义。而古人认为龙会在冬天藏入水中，再在春天破冰而出，飞上天空，因此当时的百姓会在农历二月初二举行祭祀活动，向龙神祈求来年雨水充足。后来，随着朝代更迭（dié）和社会变迁，两件事渐渐被混在了一起，变成了一个节日，也就是我们现在熟知的"二月二"。

我想在"二月二"剪一个酷酷的发型！

你先告诉我你的头发在哪里？

龙为什么在二月二"抬头"？

从先秦时期开始，我们的祖先便把星空分为二十八星宿，根据星宿排列的不同形状，以七星宿为一组，并以四种动物命名，即东青龙、西白虎、南朱雀、北玄武。当温暖的春天来临时，青龙七星中的"龙角星"便会从东方的地平线上升起，向人间宣告万物即将苏醒的好消息。不过，除了"龙角星"以外，此时其他六颗星星依然隐没在地平线以下，看起来就像是青龙只探出一个脑袋。因此，民间便流传着"二月二，龙抬头"的说法。

与"龙"有关的习俗

如今，我们在"二月二"这一天通常会"剃龙头"和"吃龙食"。"剃龙头"，即人们在二月初二这天要理发，寓意新的一年从头开始；"吃龙食"，就是吃一些有吉祥寓意的食物，包括春饼、面条、米饭和饺子等，为的是祈求风调雨顺、五谷丰登。除此之外，有些地区还会举办舞龙、赛龙舟等与龙有关的民俗活动。

请您抬头！

二月二也是"发财节"？

民间流传着一句俗语："二月二，敲门枕，金子银子往家滚。"这表达了人们对生活富裕、衣食无忧的美好追求。为了得到神明的保佑，在"二月二"这一天，有些地方的人们会进行"引钱龙"的活动，就是将铜钱放入装满水的桶中，寓意财富如流水般源源不断。此外，人们还会在过年时存下枣花馍馍，并在二月二这天将其吃完，寓意"开山"——新一年赚到的钱可以像山一样高。

清明节 是怎么来的?

清明节我们去踏青吧?

等我吃完青团再说!

为什么"清明时节雨纷纷"?

　　清明节源于二十四节气之一的"清明",通常在每年公历 4 月 5 日前后。这个时候,天气转暖,万物复苏,到处是春意盎(àng)然的景象。尤其在我国的南方地区,受冷暖空气交会以及季风影响,会频繁地下起"贵如油"的春雨,于是便形成了诗人口中"清明时节雨纷纷"的气候现象。

每人背一句有关清明的诗句,背不出的不许放学!

清明来向晚,山渌(lù)正光华。

佳节清明桃李笑,野田荒冢(zhǒng)只生愁。

清明时节雨纷纷,路上行人欲断魂。

清明吃……吃青团,好吃……又甜甜……

💡 你知道吗?

　　在一些地方还保留着清明节吃冷食的习惯,比如山东滨州清明节吃鸡蛋和冷馍馍,山东泰安吃冷煎饼卷生苦菜。而有些地方则喜欢热食,比如晋南地区的夹心蒸馍,上海的青团和桃花粥。你的家乡在清明节会吃些什么呢?

寒食

禁火

为什么会有寒食节？

据传，在春秋时期，晋文公因躲避内乱，流亡异国他乡长达十多年，而他最忠诚的臣子介子推始终不离不弃，甚至在危难时刻"割股啖（dàn）君"。当晋文公终于登上国君之位后，介子推却选择远离朝堂，归隐山林。为了逼介子推出山，晋文公竟下令放火烧山。不幸的是，介子推与他的母亲都被熊熊烈火烧死了。晋文公深感悲痛与懊悔，于是下令全国在介子推死难之日严禁烟火，只吃寒食，以示哀悼。自此，寒食节便流传下来。

寒食节和清明节有什么渊源？

由于寒食节与清明节十分接近，习俗也有重叠，所以随着时间的推移，二者逐渐融为一体。并且，在现代社会，很多人已经不再使用柴火，而改用煤气和电做饭，加之吃生的食物可能不利于身体健康，因此，现在我国的大部分地区都不怎么流行过寒食节了。

清明节有哪些习俗？

在清明节，除了扫墓祭祖外，全国各地还有许多富有生活气息和地方特色的习俗，比如踏青、植树、插柳、放风筝、荡秋千、蹴（cù）鞠（jū）、办蚕花会等。值得一提的是，在湿润的江南地区，还流行清明节采食螺蛳（sī）的习俗，因为这个时候的螺蛳肉质肥美、细腻，甚至有着"清明螺，抵只鹅"的美誉。

扫墓

踏青

植树

插柳

放风筝

荡秋千

蹴鞠

采食螺蛳

吃青团

喝桃花粥

端午节 是怎么来的？

划龙舟去喽！

走吧！

为什么叫"端午"？

端午节又称"端五节""端阳节"或"蒲节"，是中国最重要的传统节日之一，定于每年的农历五月初五这一天。那么，"端午"这个名字是怎么来的呢？据说，在很早以前，古人就有在农历五月初五祭祀鬼神、祈求好运的习俗，后来逐渐演化成一个固定的节日，称为"端五"。到了唐朝，因为唐玄宗的生日恰好是五月初五，为了避讳（huì），"端五"就被改称为"端午"，并一直沿用至今。

端午节起源的传说

关于端午节的起源有多种不同的说法，其中最广为流传的是屈原投江的故事。传说，战国时期，楚国诗人屈原在流放途中，得知楚国灭亡的消息，怀揣的救国梦想瞬间落空，于是他在五月初五这一天抱着石头，在汨（mì）罗江中自沉而死。为了纪念这位伟大的爱国诗人，人们便在他投江的这一天举行划龙舟、吃粽子等活动。当然，也有观点认为端午节的起源与"祭龙说"有关，相传古人崇拜龙图腾，会定期举办一些特殊的仪式，以祈求风调雨顺、庄稼丰收。

祛邪是端午节的重头戏吗？

在古代，人们认为端午节过后，瘟（wēn）神就会来到人间，蛇和毒虫也开始活跃，因此他们会为孩子穿上特制的"五毒衣"和"五毒鞋"，在手腕和脚腕系上"五彩绳"，在胸前佩戴装有药材的香囊，来防疫祛邪、赶走晦（huì）气。有些地方的人还会用雄黄酒在孩子的额头上写"王"字，希望孩子能像老虎一样，吓跑靠近他们的妖魔鬼怪。此外，家家户户还会在门楣（méi）上悬挂艾蒿（hāo），并贴上"食鬼之神"钟馗（kuí）的画像，以求平安。

📖 **课堂小链接**

和端午

〔宋〕张耒（lěi）

竞渡深悲千载冤，忠魂一去讵（jù）能还。

国亡身殒（yǔn）今何有，只留离骚在世间。

牛郎织女为什么在"七月七"相会？

迢迢牵牛星，皎皎河汉女。

你在说外星话吗？

王母娘娘拆散了一对有情人

传说，很久以前，天上有一位编织彩霞的仙女叫织女，在她下凡游玩时遇见了一个叫牛郎的小伙子。牛郎没爹没娘，又被哥哥和嫂嫂欺负，只有一头老黄牛与他相依为命。织女对他的遭遇深感同情，同时又钦佩他吃苦耐劳、善良敦厚的品质，便嫁给了他。然而，王母娘娘知道后勃然大怒，立即派天兵天将把织女抓回了天界，还在天上变出一条宽阔的银河，阻隔牛郎与织女相见。喜鹊们听到这件事情后，每到七月初七的晚上，就用自己的身体搭成一座"鹊桥"，让牛郎织女以及他们的孩子跨越天河相会。

七夕节的传统游戏

在古代，七夕节除了祭祀织女星，古人还会进行一些如"穿针乞巧""喜蛛应巧""投针验巧"等有趣的游戏：比谁穿针穿得快、穿得准，赢了的人会被认为能得到织女星更多的祝福；每个人都抓一只蜘蛛放进自己的锦盒里，谁的蜘蛛结的网更密，谁就获胜……

课堂小链接

迢迢牵牛星

〔汉〕佚名

迢迢牵牛星，皎皎河汉女。

纤纤擢（zhuó）素手，札札弄机杼（zhù）。

终日不成章，泣涕零如雨。

河汉清且浅，相去复几许。

盈盈一水间，脉（mò）脉不得语。

古代女子的节日

　　古时候，七夕节又称"乞巧节""少女节""女儿节"，可见这是个属于女子的节日。当时，女子常被要求学习"女红（gōng）"，也就是针线、纺织、刺绣等手艺，而天上的织女星又被奉为心灵手巧、聪明伶俐的仙女。因此，在农历七月七日或七月六日的晚上，许多未婚的女子会在庭院中摆设瓜果、鲜花和胭脂，向织女星祈求自己能获得才艺、智慧和美貌。

中秋节为什么代表团圆？

又到中秋节了，我好想家！

有我陪着你！

中秋节是怎么来的？

很多人认为，中秋节起源于古人对月亮的崇拜。早在上古时期，古人就已经开始举行"敬月""祭月"等活动。最初，这些活动仅限于帝王，后来逐渐流传至民间，结合嫦娥奔月、吴刚伐桂、玉兔捣药等有趣传说，形成了"赏月"的风俗。宋朝时期，农历八月十五被正式定为中秋节。因为这一天时值秋季正中，故而得名"中秋"。

海上生明月，天涯共此时。

他一定是想家了……

嫦娥为什么会奔月？

相传，在上古时代，天上出现了十个太阳，英雄后羿（yì）射落了九个，拯救了受苦的苍生。为了嘉奖后羿的功劳，西王母赐给他一粒长生不老药。然而，在他外出狩猎时，有个心怀不轨的人偷偷潜入他的家中，想要抢夺仙药。后羿的妻子嫦娥为了保护仙药不落入坏人手中，不得不将其吞下。于是，嫦娥一下子飞到了月宫中，从此与后羿不复相见。因为太过思念妻子，后羿于每年的农历八月十五都会在院中摆放形似月亮的月饼，以此寄托对嫦娥的思念。

中秋节有哪些习俗？

除了赏月、拜月和品尝月饼之外，中秋节还有许多丰富多彩的传统习俗，比如饮桂花酒。因为传说中嫦娥居住的月宫中有一棵巨大的桂花树，所以桂花树被视为月亮的象征之一。有些地方的人会在中秋节的夜晚举行盛大的灯会，走上街头去欣赏五光十色的花灯。有些地方的人会聚在一起燃灯塔、放纸船灯、放孔明灯。在我国南方地区，中秋节经常会有热闹的舞龙表演，民众会早早赶到现场，占个好位置看表演。

露从今夜白，月是故乡明。——〔唐〕杜甫《月夜忆舍弟》

海上生明月，天涯共此时。——〔唐〕张九龄《望月怀远》

但愿人长久，千里共婵娟。——〔宋〕苏轼《水调歌头·明月几时有》

古人为何把九月初九定为**重阳节**？

难道重阳节这天有两个太阳？

不是啦，是九九相重哦！

重阳节的由来

重阳节，又称"重九节""茱（zhū）萸（yú）节""登高节"。因为"九"这个字数在中华传统文化中具有重要地位，所以在秦代以前，人们就已经非常重视农历九月九日这一天了，但那时还未形成一个固定的节日。直到唐代，重阳节被正式确立为一个节日。

重阳节这一天，民间有登高、赏菊、喝菊花酒、插茱萸、吃重阳糕等习俗。2013 年，我国将重阳节定为"老年节"，赋予了这个节日敬老、爱老、祝福老人健康长寿的新内涵。

重阳节与楚人登高祭拜火神有关吗？

据说，战国时期的楚人崇尚火神，并将其视为自己的祖先。他们相信，只要登上高处，就能与神灵沟通。因此，他们会在九月份的某一天举行登高祭拜火神的仪式。在观察星象后，他们认为九月初九是一年中最适合举行仪式的日子，于是将这一天命名为"重阳"。

茱萸竟然能救命？

传说，春秋时期，吴国有一种特产叫"萸"，是上好的药材。有一次，吴王命人把萸送给楚王，可楚王不识货，以为吴王在戏弄他，便将吴国使者赶走了。然而，楚国有一位姓朱的大臣深知萸的价值，便悄悄找到使者，把萸留了下来。后来，楚王生了一场大病，姓朱的大臣用萸煎药，治好了他的病。楚王这才明白萸原来如此珍贵，立即下令在全国范围内种植。几年后，楚国瘟（wēn）疫流行，萸救了无数人的命。楚国百姓为了感谢姓朱的大臣，就把萸叫作"茱萸"。后来，人们渐渐地将茱萸视为能辟邪消灾的吉祥之物，并在九月初九这一天把它佩戴在身上以祈求健康和好运。

> 萸救了我的命，也救了楚国百姓的命啊！

> 都是朱大人的功劳啊！

《滕王阁序》背后的重阳节佳话

据说，滕王阁是在九月初九这天落成的。当时，一个姓阎（yán）的大臣在阁中设宴款待宾客，以示庆祝。原本这位大臣打算让自己的女婿在宴会上出风头，但诗人王勃却抢先一步，自告奋勇地要求为滕王阁作序。虽然这位大臣有些不悦，但当他听到王勃写出了"落霞与孤鹜（wù）齐飞，秋水共长天一色"的佳句时，还是忍不住拍案叫绝，对王勃的才华深感佩服，随即将王勃奉为座上宾。自此，《滕王阁序》和这段佳话流传至今。

课堂小链接

九月九日忆山东兄弟

〔唐〕王维

独在异乡为异客，
每逢佳节倍思亲。
遥知兄弟登高处，
遍插茱萸少一人。

腊八节是怎么来的？

哇，过了腊八就是年！

来，先喝了这碗腊八粥！

腊八节的由来

腊八节，即农历的十二月初八。据说，这个节日源于古人在冬季祭祀祖先和神灵的传统习俗。腊，原本指的是远古时期的一种年末祭祀仪式，叫腊祭。从很久以前开始，我们的祖先就将农历十二月称为腊月，将农历的十二月初八称为腊八。佛教传入中国后，一些寺庙会在腊八这一天用多种食材熬粥供佛，称为腊八粥。随着时代的发展，煮腊八粥后来渐渐成了一种民间习俗，也多了庆贺丰收的含义。

腊八节有哪些习俗？

有句老话这样说："过了腊八就是年。"这意味着过了腊月初八这一天，人们就要开始忙着准备过年了。除了吃腊八粥，各地还有不同的腊八习俗：有些地方会敲起细腰鼓，戴上面具，来驱赶疫病和灾祸；有些地方会趁着天气正好，忙着制作黄润如玉的"腊八豆腐"；有些地方会煮一碗香喷喷的"腊八面"……

是朱元璋发明了腊八粥吗？

关于腊八粥的由来，还有另一种版本的传说。据传，明太祖朱元璋在年少时家境贫寒，只能在地主家放牛谋生。一次放牛时，牛摔断了腿，地主大怒，将他关了起来，不给他饭吃。在饥饿难耐之际，朱元璋发现了一个老鼠洞，里面放着老鼠囤积的米、豆、枣等食物。于是，他便将这些食材煮成粥来充饥。朱元璋成为皇帝后，回忆起童年的这段经历，便命令御厨为他烹制了一碗类似的粥，而这一天恰好是腊月初八，于是之后就有了在腊八喝腊八粥的传统。

对，就是当年那个味儿！

📖 课堂小链接

十二月八日步至西村

〔宋〕陆游

腊月风和意已春，时因散策过吾邻。
草烟漠漠柴门里，牛迹重重野水滨。
多病所须惟药物，差科未动是闲人。
今朝佛粥交相馈，更觉江村节物新。

💡 你知道吗？

除了熬腊八粥，我国的北方地区还有一个独特的风俗，那就是在腊八节这天用醋腌制腊八蒜。腌制好的腊八蒜色泽碧绿、口感酸脆，是饺子的绝配哦！